Liebe Leserin, lieber Leser,

wir freuen uns, dass Sie sich für ein Galileo Business-Buch entschieden haben.

Galileo Business zeigt betriebswirtschaftlichen und technischen Experten, Business-Managern, Projektleitern und Beratern, wie Unternehmen durch neue Strategien und Konzepte Kosten senken, Wettbewerbsvorteile gewinnen und neue Geschäftsfelder erschließen.

Jedes unserer Bücher will Sie überzeugen. Damit uns das immer wieder neu gelingt, sind wir auf Ihre Rückmeldung angewiesen. Bitte teilen Sie uns Ihre Meinung zu diesem Buch mit. Ihre kritischen und freundlichen Anregungen, Ihre Wünsche und Ideen werden uns weiterhelfen.

Wir freuen uns auf den Dialog mit Ihnen.

Ihr Oliver Gorus
Lektorat Galileo Business

oliver.gorus@galileo-press.de
www.galileobusiness.de

Galileo Press
Gartenstraße 24
53229 Bonn

Gawlik · Kellner · Seifert

Effiziente Kundenbindung mit CRM

Galileo Business

Die Deutsche Bibliothek – CIP-Einheitsaufnahme
Ein Titeldatensatz für diese Publikation
ist bei der Deutschen Bibliothek erhältlich

ISBN 3-89842-246-1

© Galileo Press GmbH, Bonn 2002
1. Auflage 2002

Der Name Galileo Press geht auf den italienischen Mathematiker und Philosophen Galileo Galilei (1564–1642) zurück. Er gilt als Gründungsfigur der neuzeitlichen Wissenschaft und wurde berühmt als Verfechter des modernen, heliozentrischen Weltbilds. Legendär ist sein Ausspruch **Eppur se muove** (Und sie bewegt sich doch). Das Emblem von Galileo Press ist der Jupiter, umkreist von den vier Galileischen Monden. Galilei entdeckte die nach ihm benannten Monde 1610.

Lektorat Oliver Gorus **Korrektorat** Sandra Gottmann **Gestaltung des Einbands und der Titelseite** department, Köln-Godorf **Herstellung** Iris Warkus **Satz** reemers publishing services gmbh, Krefeld – gesetzt aus der Linotype Syntax mit FrameMaker **Druck und Bindung** Berker Grafischer Betrieb, Kevelaer

Inhalt

Geleitwort

Der Begriff des Customer Relationship Managements hat sich innerhalb kurzer Zeit zur festen Größe unter Wirtschaftswissenschaftlern und -praktikern gleichermaßen entwickelt. Kaum ein Managementtitel unter den Fachzeitschriften, der nicht einen Artikel zur aktuellen Diskussion beiträgt. Der Kunde soll endlich in den Mittelpunkt unternehmerischen Handelns rücken, der ihm trotz eindeutiger Grundsätze der Marketinglehre bisher offensichtlich meist verwehrt wurde.

Im Business-to-Business-Bereich hat sich mit dem Key Account Management bereits seit längerer Zeit ein Instrument zur Pflege der Beziehung zu einigen wenigen, besonders wichtigen Kunden etabliert. Im Business-to-Consumer-Bereich war bisher ein entsprechendes Beziehungsmarketing aufgrund der Vielzahl der Kunden nicht denkbar. Getrieben von einschneidenden Entwicklungen im Informations- und Kommunikationssektor werden jetzt jedoch auch erste Wege zur Realisierung von One-to-One-Beziehungen im Konsumgütersektor ermöglicht.

Das vorliegende Buch liefert eine Bestandsaufnahme des CRM für den Konsumgütersektor und zeigt Perspektiven auf, wie die Chancen und Möglichkeiten des CRM zukünftig genutzt werden können. Begleitet von einer Vielzahl von Beispielen werden verschiedene Instrumente des CRM auf ihre Anwendbarkeit im Konsumgütersektor untersucht. Vor allem dem Instrumentarium der interaktiven Medien gilt aufgrund seiner informations- und kommunikationstechnologischen Möglichkeiten und Fähigkeiten besondere Aufmerksamkeit.

Übersichtlich strukturiert und pragmatisch in seiner Darstellung stellt dieses Buch eine hervorragende Orientierungshilfe dar. Ich wünsche dem Buch viel Erfolg und eine weite Verbreitung in Praxis und Wissenschaft.

Schwalbach, im Januar 2002

Dr. Alexander Kracklauer
Verkaufsleiter Procter & Gamble GmbH Deutschland

Vorwort der Autoren

Erfolgreiche Konsumgüterunternehmen gehen in den letzten Jahren nicht mehr nur die klassischen Wege der Stärkung der Markenkraft und der Erhöhung der Markentreue. Sie setzen außerdem zunehmend auf die aktive Gestaltung der Kundenbeziehung mit Hilfe von CRM-Instrumenten. Der Einsatz von modernster Informations- und Kommunikationstechnologie (IuK) ermöglicht nicht nur diese neuen Formen der Kundenansprache, sondern erhöht dramatisch die Effizienz der getroffenen Maßnahmen. Die ausgewählten Kundenzielgruppen werden mit maßgeschneiderter Kommunikation und individuellen Services zielgerichtet angesprochen und an das Unternehmen dauerhaft gebunden. Neue Formen des E-CRM werden intelligent in das klassische CRM-Konzept der Unternehmen eingebunden – zum Vorteil der Unternehmen, aber auch zum Vorteil der Endkonsumenten. Nur die Ansätze, mit denen es wirklich gelingt, den Mehrwert für die Kunden deutlich zu erhöhen, werden sich dabei durchsetzen.

Der Inhalt dieses Buches

Wir möchten Ihnen mit diesem Buch auf anschauliche Weise die Best Practices von herausragenden Marktakteuren darstellen und die entscheidenden Rezepte für den Erfolg vermitteln. Zahlreiche Fallbeispiele (Case-Studies) präsentieren die innovativen und vorbildhaften Ansätze und Instrumente von Unternehmen wie *Henkel*, *Kraft*, *Nestlé*, *Oetker*, *Procter & Gamble* oder *Schweppes* in komprimierter Form.

Daneben haben wir ausgewählte Beiträge von Experten aus der Praxis aufgenommen, die verdeutlichen, dass die hier vorgestellten Ansätze bereits angewendet werden und dass es Kriterien und Methoden für die Erfolgsmessung gibt. Der Expertenbeitrag von einem der größten deutschen Versandhändler soll darüber hinaus zeigen, dass die Händler in Bezug auf modernes Kundenbeziehungsmanagement gegenüber den Herstellern schnell aufholen. Wurde der Handel bislang eher gescholten, die Entwicklung zu verschlafen, so haben einige Top-Retailer mittlerweile die klaren Effizienzvorteile von netzgestütztem CRM erkannt und werden in den kommenden drei Jahren massiv in diesem Bereich investieren. Dabei werden sie häufig mit erfolgreichen Lieferanten der Markenartikelindustrie kooperieren, um von deren frühzeitig aufgebauten Know-how zu profitieren.

Dies führt zu einer Win-win-Situation für beide, da die Kooperationspartner mit zusätzlichen Customer Touch Points und umfassenderen Kundendaten ihre bisherigen CRM-Konzepte erweitern und damit deutlich aufwerten können.

Neue Konzepte wie Virales Marketing, One-to-One-Marketing und Mass Customization sind die neuen entscheidenden Hebel für Marketingmanager, um etablierte Märkte und Wettbewerbssituationen aufzubrechen. Einige erfolgreiche Player haben in den letzten Monaten gezeigt, wie man mit Hilfe dieser neuen Instrumente verstärkt Marktanteile gewinnen und neues Umsatzwachstum erzielen kann. Das vorliegende Buch erklärt diese neuen Gestaltungsansätze und zeigt auf, wie sie in der Unternehmenspraxis gewinnbringend eingesetzt werden können.

Danksagungen

Die Autoren bedanken sich bei *Dr. Michael Barz*, *Dr. Alexander Kracklauer*, *Timo Seewald* und *Prof. Dr. Zerres* für ihre Expertenbeiträge zu diesem Buch. Unser besonderer Dank gilt auch *Prof. Dr. Quinn Mills* und *Prof. Michael Y. Yoshino* von der Harvard Business School und der Research Division der Harvard Business School, die in großartiger Weise die Arbeit an diesem Buch unterstützt haben. Zuletzt möchten wir uns bei *Oliver Gorus* von Galileo Business für die schnelle und professionelle Veröffentlichung unseres Buches bedanken.

Boston/USA, im Februar 2002   Hamburg, im Februar 2002

Dr. Dirk Seifert   **Tom Gawlik**
                                              Prof. Joachim Kellner

Einleitung

Unternehmen stehen neuen Herausforderungen gegenüber: Gesättigte Märkte, substituierbare Produkte und Dienstleistungen, fragmentiertes und hedonistisches Konsumentenverhalten bei abnehmender Markenloyalität, steigende Adaptionsgeschwindigkeit des Wettbewerbs und Erlösverfall. Schnittstellen zum Kunden und klassische Wertschöpfungsstrukturen werden stark von den Entwicklungen der Informations- und Kommunikationstechnologien beeinflusst. Klassische Medien der Massenkommunikation verlieren aufgrund zusätzlicher Medienvielfalt an Kontaktleistung, die Effizienz der Kommunikationsmaßnahmen sinkt. Immer mehr Unternehmen suchen und entwickeln neue, innovative Wege der Kundenkommunikation.

Durchsetzen werden sich diejenigen Unternehmen, die nicht nur profitabel arbeiten, sondern die ihre Kunden am besten zufrieden stellen, durch Leistung begeistern und an sich binden. Die Steuerung von Kaufentscheidungen wird in zunehmendem Maße durch ein glaubwürdiges Beziehungsmanagement erreicht. Dies erfordert einen intensiven **Dialog** mit den Kunden.

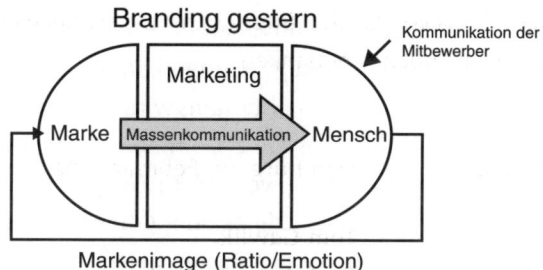

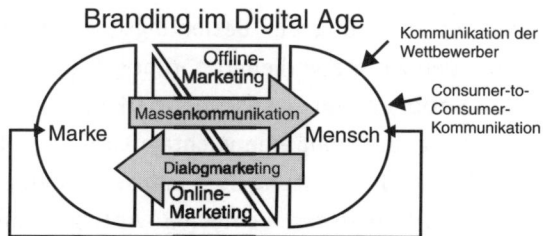

Abbildung Branding gestern und im digitalen Zeitalter (BBDO Consulting, 2000, S. 2)

Das Customer Relationship Management (CRM) ist ein vielversprechendes Instrument zur Optimierung der Business-to-Consumer-Beziehung (B-to-C). Dessen Status und Perspektive hinsichtlich seines Einsatzes in der Konsumgüterwirtschaft wird im Folgenden untersucht. Der Fokus der Betrachtung auf die Hersteller von **Fast Moving Consumer Goods (FMCG)** wird an vielen Stellen ergänzt durch Hinweise auf das Zusammenspiel zwischen Hersteller und Handel. Speziell dem Versandhandel und dem dortigen Einsatz des One-to-One-Marketings widmet sich der Expertenbeitrag von Timo Seewald im 4. Kapitel.

CRM bietet für die Konsumgüterwirtschaft die Chance, an Nähe zum Konsumenten zu gewinnen und dadurch Wettbewerbsvorteile erzielen zu können. Um den Kontakt zum Endkunden zu gestalten, wird in der Konsumgüterwirtschaft bereits eine Vielzahl von Maßnahmen in verschiedenen Kanälen eingesetzt, die dem Instrumentarium des CRM zugeordnet werden können. Aufgabe wird es zukünftig sein, diese Maßnahmen verstärkt in ein CRM-Gesamtkonzept zu integrieren, um das Potenzial maximal nutzen zu können. Dies schließt auch eine Kooperation mit dem Handel im Rahmen des so genannten **Collaborative CRM** ein.

Einen entscheidenden Faktor für den erfolgreichen Einsatz von CRM stellen die modernen Informations- und Kommunikationstechnologien dar, mit deren Hilfe profitable Kundenbeziehungen durch ganzheitliche und differenzierte Marketing-, Vertriebs- und Servicekonzepte aufgebaut und gefestigt werden können. Je nach Ausprägung des eingesetzten technologischen Instrumentariums wird bei internetbasierter Anwendung auch von **E-CRM** (Verknüpfung von E-Commerce und CRM) und bei mobilkommunikationsbasierter Anwendung von **M-CRM** gesprochen (Verknüpfung von M-Commerce und CRM). Ob als Online- oder Offline-Anwendung, alle Varianten nutzen die umfassenden Möglichkeiten leistungsfähiger Datenverarbeitung.

Diese neuen Möglichkeiten haben der Steuerung der Beziehungsqualität zwischen Hersteller und Kunde einen neuen Ansatz verliehen. Grundsätzlich steht die Hersteller- bzw. Marken-Kunden-Beziehung im klassischen Marketing von je her im Mittelpunkt der Marktbearbeitung und stellt eine wichtige Größe für die Sicherung des Unternehmenserfolgs dar. Die Betrachtung der Einflussfaktoren der Hersteller-Kunden-Beziehung in ihrer wirtschaftsgeschichtlichen Abfolge liefert Einblicke in den Hintergrund der Entwicklung des CRM-Strategieansatzes sowie seiner Komponenten und Funktionen.

1   Wirtschaftsgeschichtliche Determinanten der Kundenbeziehung

In der Zeit vor der industriellen Revolution, als es noch keine Massenherstellung von Produkten und keine Massenmedien gab, bauten Kaufleute und Handwerker ihre Geschäftsbeziehungen auf der Grundlage von Eins-zu-eins-Beziehungen (**one-to-one**) auf. Der Besitzer einer Tischlerei, einer Gemischtwarenhandlung oder eines Friseursalons stellte sich sein Geschäft in Kundenanteilen anstatt in Marktanteilen vor. Er kannte jeden einzelnen Kunden persönlich, und er wusste auch über die jeweiligen Vorlieben und Abneigungen seiner Kunden Bescheid. Blieb ein Kunde plötzlich fern, so bemerkte der Geschäftsinhaber dies auf jeden Fall und machte sich darüber seine Gedanken.

Der Umsatz eines solchen Geschäftsmanns basierte auf den direkten Beziehungen zu seinen Kunden und auf dem, was er über den einzelnen Kunden wusste und im Gedächtnis behielt. Sein Gedächtnis gestattete es ihm, die Probleme seiner Kunden individuell zu lösen, jedem einzelnen mehr Produkte zu verkaufen und seine eigenen Dienstleistungs- bzw. Produktangebote neu zu gestalten, um den sich ständig wandelnden Bedürfnissen jedes einzelnen Kunden zu entsprechen. Diese Vorgehensweise verschwand im Zuge der industriellen Revolution aus vielen Bereichen der Wirtschaft. Sie wurde durch das Massenmarketing ersetzt.

In den 50er-Jahren bildete auf vielen Märkten die Produktion einen Engpassfaktor. Die Nachfrage überstieg bei weitem das Angebot (**Verkäufermarkt**). Das zentrale Anliegen der Unternehmen war der Ausbau der Produktionskapazitäten und die Orientierung auf die Distribution, um die Produkte möglichst effizient zu vertreiben. Von einer Beziehung zum Kunden konnte nicht die Rede sein, vielmehr hatte jener Glück, wenn er ein Produkt bekommen konnte.

Im darauf folgenden Jahrzehnt überstieg das Angebot immer deutlicher die Nachfrage (**Käufermarkt**). Von nun an mussten die Unternehmen aktiv Neukunden akquirieren, um die produzierte Ware kurzfristig abzusetzen. Dem Aufbau von Kundenbeziehungen wurde dabei kaum Beachtung geschenkt.

Die Konzentration und die Professionalisierung der Betriebskonzepte sorgte im Verlauf der 70er-Jahre für eine Wandlung des Handels vom Erfüllungsgehilfen zum gleichwertigen Partner der Industrie, und häufig auch zu ihrem überlegenen Gegenspieler. Die Hersteller mussten sich immer mehr den Forderungen des Handels unterwerfen. Gleichzeitig begann der Handel, mit eigenen Marken (Handelsmarken) den Herstellern Marktanteile streitig zu machen. Mit Hilfe der **Push-and-Pull-Strategie** versuchten die Hersteller, auf zwei Wegen auf den Markt zu gelangen: Einerseits begannen die Hersteller mit Hilfe ihrer Konditionenpolitik und ihren Anpassungen an die Wünsche des Handels, über diesen die Produkte in den Markt zu drücken (Push-Effekt). Andererseits erzeugten die Hersteller durch die Instrumente ihrer Kommunikationspolitik einen Nachfragesog auf Verbraucherseite (Pull-Effekt), was den Handel zwingen sollte, die beworbenen Produkte zu listen. Die Ansprache der Verbraucher über die Massenmedien wie Fernsehen, Hörfunk und Zeitschriften erreichte zwar mit relativ geringen Kosten pro Kontakt schnell viele Empfänger. Jedoch lässt diese Art der Kommunikation keinen individuellen Dialog zwischen Hersteller und Verbraucher zu, was dem Aufbau einer Beziehung zum Kunden entgegenstand.

Im Zuge der sich sättigenden Märkte bei gleichzeitiger Zunahme der Anbieterzahl gewann der Verdrängungswettbewerb im Verlauf der 80er-Jahre an Schärfe. Im Vordergrund stand dabei weniger die Orientierung an den Bedürfnissen und der Zufriedenheit der Verbraucher, sondern vielmehr die Ausrichtung der eigenen Leistungsfähigkeit an jener der Konkurrenz (**Benchmarking**), da im Kampf um den Kunden Absatzsteigerungen nur durch die Verdrängung der Konkurrenten zu erzielen waren.

Dies zwang die Unternehmen dazu, im Rahmen des **Total Quality Managements** (TQM) den Fokus auf die Optimierung der internen Prozesse wie Führung, Arbeitsabläufe und Kommunikation zu legen. Zwar beeinflusste dies auch externe Prozesse (Marketing, Vertrieb und Kundenbetreuung), jedoch stand bis weit in die 90er-Jahre bei der Mehrzahl der Unternehmen noch immer eine produktions- und funktionsorientierte Verbesserung im Vordergrund. Das vertikale Kooperationskonzept **Efficient Consumer Response** (ECR) lenkte Mitte der 90er-Jahre den Blick des Topmanagements auf die unternehmensübergreifende Prozessoptimierung. Die systematische Anwendung von ECR-Hauptkomponenten wie Basisstrategien des Supply Chain Managements (ECR-Kooperationsfeld Logistik) und Category Managements (ECR-Kooperationsfeld Marketing) half den Unternehmen, systematisch Kostensenkungspotenziale in ihrem Wertschöpfungssystem zu erschließen.

Heute sind die Märkte der meisten westlichen Industrienationen für viele Produkte und Dienstleistungen gesättigt. Angebote in Funktion, Qualität, Preis und Form sind oftmals substituierbar. Die Öffnung des europäischen Binnenmarktes steigert den Wettbewerbsdruck noch zusätzlich. Unternehmen müssen sich in zunehmendem Maße durch Zusatzleistungen und **Kundenorientierung** ein eigenständiges Profil verleihen, um dem Wettbewerb standzuhalten.

Tabelle 1.1 liefert einen Überblick, wie sich das Marketing in diesem Kontext im Zeitverlauf verändert hat, und stellt das Customer Relationship Management als eine Weiterentwicklung des Marketingansatzes dar.

	80er-Jahre	90er-Jahre	New Millennium
Marketing	Massenmarkt	Brand Management	Life Cycle Marketing
Kommunikation	Image und Awareness	Brand	One-to-One
Kanäle	TV, Print, Radio	Integrierte Kommunikation	Neue Medien (eCRM)
Daten	Joint Data Sources	Brand Equity/ Awareness-Studies	Customer Databases
Messwert	Research and Revenues	Brand Equity	Akquisitions-/ Loyalitätsrate
	Massenmarketing	Brand Marketing	CRM

Tabelle 1.1 CRM ist die konsequente Weiterentwicklung des Marketingansatzes (i.A.a. Ericsson Consulting und Wunderman, 2000)

2   Strategieansatz CRM

Das CRM-Konzept stellt den Kunden in den Mittelpunkt. Die Prozesse der Gesamtorganisation werden aus Kundensicht betrachtet und kundenorientiert gestaltet. Ausgangspunkt sind nicht, wie beispielsweise beim TQM, die Unternehmens-, sondern die Kundenprozesse. Die Zielerreichung erfordert Wissen über Kundenprofile und über die Prozesse, die vom Kunden in seiner Arbeitswelt, seiner Freizeit etc. durchlaufen werden. Um den Kunden in seinem Alltag optimal unterstützen zu können und seine Bedürfnisse exzellent zu befriedigen – und dies möglichst sein ganzes Leben lang –, muss sich das Unternehmen kontinuierlich anpassen. Der Geschäftsfokus ist somit sowohl produkt- als auch kundenorientiert und misst der Bedeutung der persönlichen Nutzenvorstellung des Kunden einen sehr hohen Wert bei.

Obwohl die Orientierung am Kunden allzeit ein essenzieller Bestandteil der Marketinglehre war, ist dies scheinbar in vielen Bereichen im Zeitverlauf aus dem Blick des Marketingmanagements verloren gegangen. CRM ist insofern als übergreifende Strategie zu verstehen, die zur Verbesserung der Kundenkontaktqualität im Marketing, Verkauf und Service beitragen soll. Interaktion und Dialogführung zwischen dem Unternehmen und seinen bestehenden (und zukünftigen) Kunden bilden die Grundlage zum Aufbau profitabler Beziehungen.

Ziel aller Aktivitäten ist es, die Kundenzufriedenheit, die Kundenloyalität und letztlich die Transaktionen mit den Kunden während der gesamten Dauer der Kundenbeziehung (**Customer Lifetime Value**) signifikant zu steigern. Um dieses Ziel zu erreichen, hat das CRM alle relevanten Unternehmensaktivitäten zu steuern, zu koordinieren und zu synchronisieren sowie das Wissen über den Kunden stetig zu erweitern und zu nutzen. Die Automatisierung unter Einsatz moderner Informations- und Kommunikationstechnologien stellt hierbei einen entscheidenden Faktor dar.

Für die Erreichung der genannten Ziele muss CRM Folgendes leisten:

▶ Messung der Aufwendungen für alle Aktivitäten einschließlich der Marketing-, Verkaufs- und Servicekosten und der Erträge in Form von Kundeneinnahmen, Kundengewinn und Kundenwert

- ▶ Gewinnung und laufende Aktualisierung von Wissen über Kunden (Bedürfnisse, Motivation und Verhalten), Produkte und Umfeld (Märkte, Konkurrenten etc.)

- ▶ Laufende Anwendung dieses Wissens in allen Unternehmensprozessen, insbesondere in Marketing, Verkauf und Service, mit dem Ziel, für jede individuelle Kundenbeziehung das oben beschriebene optimale Gleichgewicht zu finden

- ▶ Integration der Aktivitäten in Marketing, Verkauf und Service zur Erreichung gemeinsamer Ziele

- ▶ Etablierung und zielgerichteter Einsatz verschiedener Vertriebskanäle und Sicherstellung der Konsistenz zwischen den einzelnen Kanälen

- ▶ Laufende Anpassung der CRM-Aktivitäten an sich ändernde Kundenbedürfnisse

- ▶ Einsatz effizienter Kommunikationssysteme zur Ermöglichung einer wirtschaftlichen Dialogführung mit Kunden in Massenmärkten

- ▶ Einsatz von geeigneten Informationssystemen zur Unterstützung aller genannten Aufgaben von CRM, insbesondere der Wissensgewinnung und der Wissensnutzung sowie der Integration und der Messung der Effizienz von CRM

2.1 Customer Lifetime Value

In der Konsumgüterwirtschaft kann mit dem Kriterium der Verwendungsdauer zwischen Ver- und Gebrauchsgütern unterschieden werden. Verbrauchsgüter bzw. Fast Moving Consumer Goods (FMCG) sind Lebensmittel und Güter wie z.B. Kosmetika oder Zeitungen, die bei ihrer Nutzung untergehen. Gebrauchsgüter wie Küchengeräte oder Autos sind über einen mehr oder weniger langen Zeitraum nutzbar. Je nach Produktlebenszeit ergeben sich für den Konsumenten und seine eigene Lebenszeit mehr oder weniger lange Zyklen zur Deckung der Ersatzbedarfe, die einen entsprechenden Zahlungsstrom generieren.

Der gewinnbringende Kunde ist ein Kunde, der über die Dauer der Beziehung einen Zahlungsstrom erbringt, der den Kostenstrom des Unternehmens für seine Akquisition und Bedienung um ein akzeptables Minimum überschreitet.

$$Kundenwert = A + \sum_{t=1}^{n}(E_t - K_t) \times d^{-t}$$

A = Anfangsinvestitionen
E = Einnahmen zum Zeitpunkt t (potenzieller Umsatz, Cross-Buying-Potenzial etc.)
K = Ausgaben zum Zeitpunkt t (Verwaltungskosten, Telefonkosten etc.)
t = Jahr
n = geschätzte Dauer der Geschäftsbeziehung
d = Diskontierungsrate (1+i)
i = Zinssatz der Investition

Abbildung 2.1 Berechnung des Kundenwerts auf Basis der Kapitalwertformel (Köhler, 1999)

Die Perspektive der Kundenlebenszeit tritt bei CRM an die Stelle des kurzfristigen Verkaufens. Entscheidend ist, die Kunden zu kennen, um ihre Profitabilität zu messen und Kenntnis darüber zu erlangen, welche Gewinne das Unternehmen mit einem einzelnen Kunden im Laufe seines Lebens erwirtschaften könnte. Auf diese Weise kann das Potenzial des Kunden systematisch anstatt nur punktuell genutzt werden.

Eine Vielzahl von Studien belegt, dass mit CRM der Customer Lifetime Value steigt. In Abhängigkeit der Branche lassen sich 5 Prozent weniger Kundenabwanderung und 25 bis 80 Prozent höhere Deckungsbeiträge feststellen (Einzelhandel: 25 Prozent). Um derartige Verbesserungen von Kennzahlen zu erreichen, müssen Unternehmen wissen, welche Leistung den Kunden zufrieden stellt, damit sie eine langfristige, bestenfalls das gesamte Leben des Kunden andauernde Verbundenheit mit dem Unternehmen stiften können.

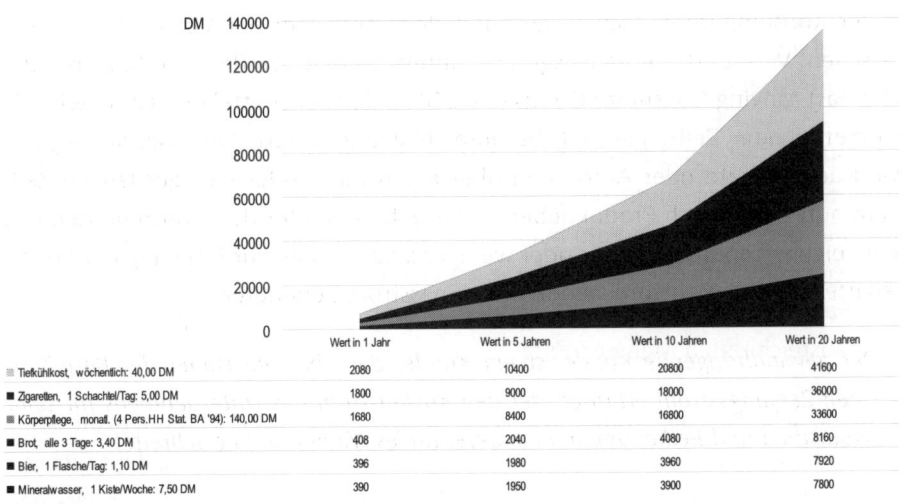

	Wert in 1 Jahr	Wert in 5 Jahren	Wert in 10 Jahren	Wert in 20 Jahren
Tiefkühlkost, wöchentlich: 40,00 DM	2080	10400	20800	41600
Zigaretten, 1 Schachtel/Tag: 5,00 DM	1800	9000	18000	36000
Körperpflege, monatl. (4 Pers.HH Stat. BA '94): 140,00 DM	1680	8400	16800	33600
Brot, alle 3 Tage: 3,40 DM	408	2040	4080	8160
Bier, 1 Flasche/Tag: 1,10 DM	396	1980	3960	7920
Mineralwasser, 1 Kiste/Woche: 7,50 DM	390	1950	3900	7800

Abbildung 2.2 Beispiele langfristiger Umsatzpotenziale für Konsumgüter (nach Rudolph/ Rudolph, 2000)

2.2 Kundenorientierung: zufrieden stellen, binden, begeistern

Die Kundenzufriedenheit ist als Determinante eines loyalen Nachfrageverhaltens zu betrachten. Kundenbindung wird erzeugt, indem die Kundenerwartungen aufgrund eines kundenorientierten Angebots erfüllt werden und der Kunde mit den Leistungen zufrieden ist. Wird die Kundenerwartung im Vergleich mit der subjektiven Wahrnehmung nach einem Kauf (bzw. der Inanspruchnahme einer Leistung) übertroffen, so entwickelt sich der Kunde aufgrund seiner Begeisterung zu einem proaktiven Kunden, der seine Zufriedenheit nach außen trägt und somit als positiver Multiplikator fungiert. Wird die Kundenerwartung hingegen untererfüllt, schlägt sich dies in Unzufriedenheit nieder. Das Unternehmen läuft Gefahr, dass der Kunde inaktiv wird. Diese wegen Unzufriedenheit ausgestiegenen Kunden gilt es zu reaktivieren, was zumeist einfacher und günstiger ist, als völlig neue Kunden zu gewinnen.

CRM als strategisches Managementkonzept konzentriert sich auf den Konsumenten. Ein Unternehmen, das sich durch hohes Wissen über die Verbraucher und durch ausgeprägte Kundenorientierung in seinen wertschöpfenden Aktivitäten auszeichnet, wird einen Wettbewerbsvorteil gegenüber denjenigen Konkurrenten erzielen, die ausschließlich produktorientiert agieren. In einer Forschungsstudie von *Peters/Watermann* identifizierten die Autoren sieben Merkmale, die erfolgreiche von weniger erfolgreichen Unternehmen unterscheiden. Das Merkmal »Nähe zum Kunden«, und damit die »regelrechte Besessenheit, dem Kunden gute Qualität und guten Service zu liefern«, wurde hierbei als ein wichtiges Kriterium für exzellente Unternehmen erkannt.

Kundennähe erfordert kundenbezogene Informationen, so genanntes **Consumer Insight**. Nach einer Studie der *Universität Essen* und *KPMG Consulting* ist das Wissen über den Kunden sowohl bei den Herstellern als auch im Handel bisher nur unzureichend vorhanden. Die relevanten Daten für eine kundenorientierte Steuerung der Geschäftsabläufe sind entweder nicht verfügbar oder werden in einem nicht ausreichenden Maße genutzt.

Das Ziel, schneller auf Kundenwünsche zu reagieren und die Kundenzufriedenheit nachhaltig zu steigern, muss in den einzelnen Unternehmen gelebt werden. Kundenorientierung ist als Leitgröße marktgerichteten Handelns besonders hervorzuheben. Die wertschöpfenden Aktivitäten eines Unternehmens sind in funktionsübergreifender Weise auf den Kundennutzen auszurichten. CRM rückt die

Kundenorientierung den Grundsätzen des Marketings entsprechend auf der Prioritätenliste erfolgreicher Unternehmensführung an die erste Stelle und schafft eine zentrale Voraussetzung für den Unternehmenserfolg.

Wichtig ist die proaktive Gestaltung der Kundenbeziehung im Gegensatz zu der rein reaktiven Kundenorientierung, die eine Entstehung von innovativen Lösungen verhindert. Kundenorientierte Unternehmensführung erschöpft sich nicht nur in einer Steigerung der Qualität der Produkte (z.B. durch den Innovationsgrad) und Dienstleistungen (z.B. durch Beratung). Vielmehr hat sie den Anspruch, einen »radikalen Durchbruch« in der Zufriedenstellung der Kunden durch eine Integration von Fähigkeiten (z.B. Dialogführung), Fertigkeiten (z.B. Realtime-Kundensegmentierung) und Technologien (z.B. Data-Warehouse-Konzepte und Electronic Data Interchange) zu erzielen.

Wichtige Säulen der Kundenorientierung sind:

▶ **Konzentration auf Kernkompetenzen**
Die Kernkompetenzen bilden die Basis für die Schaffung von überdurchschnittlicher Kundenzufriedenheit.

▶ **Lernprozesse (mit dem Kunden lernen)**
Die Bedürfnisse des Kunden ändern sich beständig, deshalb muss das Wissen über Kunden und Märkte laufend aktualisiert werden. Langfristig kann der überdurchschnittliche Wert von Produkten und Dienstleistungen nur dann gesichert werden, wenn die Unternehmung durch laufende Interaktion mit dem Kunden den Veränderungsprozess gestaltet.

▶ **Verbreitung kundenrelevanter Informationen im Unternehmen**
Die kundenrelevanten Informationen bezeichnen die quantitativen und qualitativen Daten über Verbraucher, die an verschiedenen Stellen des Leistungsprozesses gebraucht werden, wenn Maßnahmen zur Steigerung der Kundenzufriedenheit getroffen werden sollen. Voraussetzung für die Entwicklung kundengerechter Problemlösungen ist daher eine bereichsübergreifende Zusammenarbeit im Informationsmanagement.

Abbildung 2.3 stellt den Zusammenhang der drei Säulen der Kundenorientierung grafisch dar.

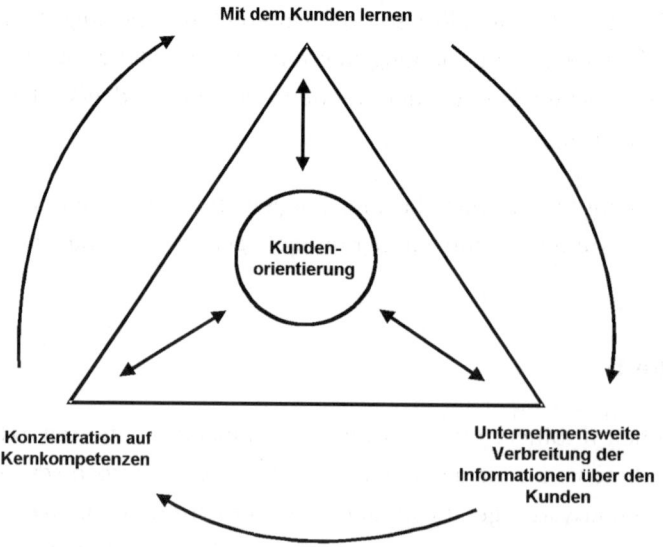

Abbildung 2.3 Die Säulen der Kundenorientierung (Handlbauer/Matzler, 1998)

In einer Analyse der Unternehmensberatung *A.T. Kearney* konnte nachgewiesen werden, dass kundenorientierte Unternehmen bis zu neun Prozent höhere Preise durchsetzen und bis zu sechs Prozent höhere Marktanteile erzielen. Zugleich belegen Untersuchungen, dass es fünfmal teurer ist, einen neuen Kunden zu gewinnen, als bisherige zu halten.

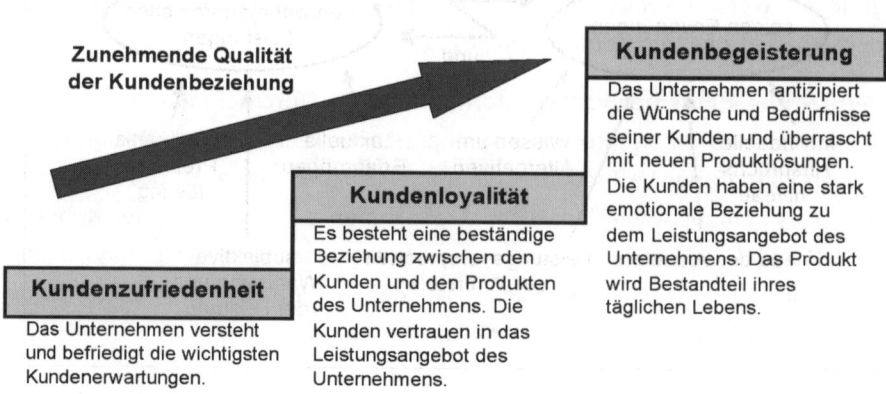

Abbildung 2.4 Die drei Ebenen in der Qualität der Kundenbeziehung (i.A.a. Roland Berger & Partner, 1999a, S. 7)

Eine Erhöhung der Kundennähe resultiert in der Verbesserung der Qualität der Kundenbeziehung. Der Einsatz von CRM soll die Unternehmen befähigen, die qualitativ höchste Stufe der Kundenbeziehung zu erreichen. Abbildung 2.4 unterscheidet die drei wesentlichen Ebenen der Kundenbeziehung und erklärt die wesentlichen Charakteristika.

In den folgenden Abschnitten werden die drei Ebenen der Kundenbeziehung – Kundenzufriedenheit, Kundenbindung und Kundenbegeisterung – näher beleuchtet.

Kundenzufriedenheit

Die Kundenzufriedenheit resultiert aus den kunden- und marktorientierten Aktivitäten eines Unternehmens. Sie ist das Ergebnis eines Vergleichsprozesses des Kunden zwischen seinen Erwartungen (individuelles Anspruchsniveau, Image des Anbieters, Leistungsversprechen des Anbieters, Wissen um Alternativen) und den wahrgenommenen Leistungen (aktuelle Erfahrungen, subjektive Wahrnehmung der Leistung, individuelle Problemlösung). Abbildung 2.5 visualisiert diesen Vergleichsprozess.

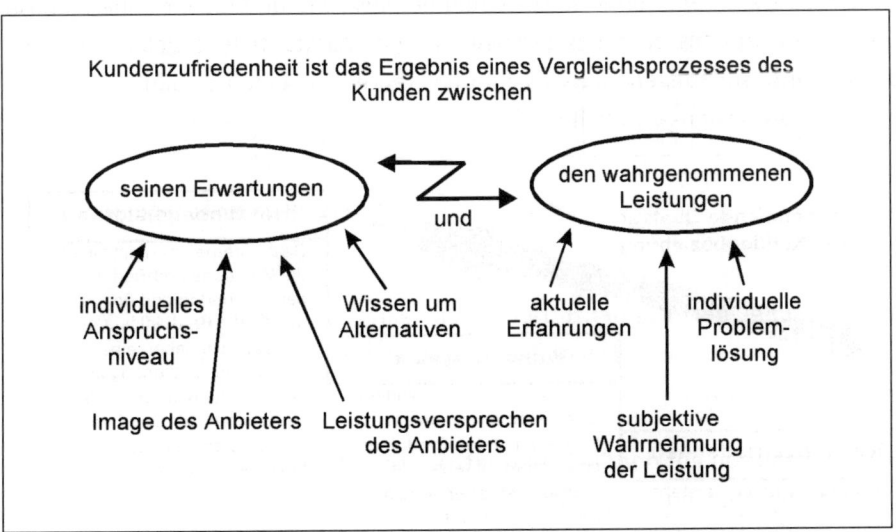

Abbildung 2.5 Beeinflussungsfaktoren der Kundenzufriedenheit (Meyer/Dornach, 1998, S. 182)

Die Kundenzufriedenheit nimmt eine zentrale Stellung in der heutigen Marketingtheorie und -praxis ein. Empirische Untersuchungen zeigen, dass Unternehmen, die überdurchschnittlich auf die Umsetzung von Strategien zur Kundenzufriedenheit fokussiert sind, ihre Gewinne und Umsatzrenditen in einem deutlich stärkeren Maße steigern können als Branchenwettbewerber, die nur unterdurchschnittlich an der Zufriedenheit der Kundschaft arbeiten. Zufriedene Kunden fragen nicht nur die originären Leistungen des Unternehmens eher und öfter nach als unzufriedene Kunden, sondern sie weisen auch gesteigerte Cross-Selling-Raten auf.

Die Ansatzpunkte für den konsequenten Aufbau von Kundenzufriedenheit liegen in den einzelnen Stufen der Wertschöpfungskette. Es gibt kein Glied in der Leistungserstellungskette, in der kein Beitrag zur Kundenzufriedenheit geleistet werden könnte. Diese Erkenntnis verdeutlicht Abbildung 2.6.

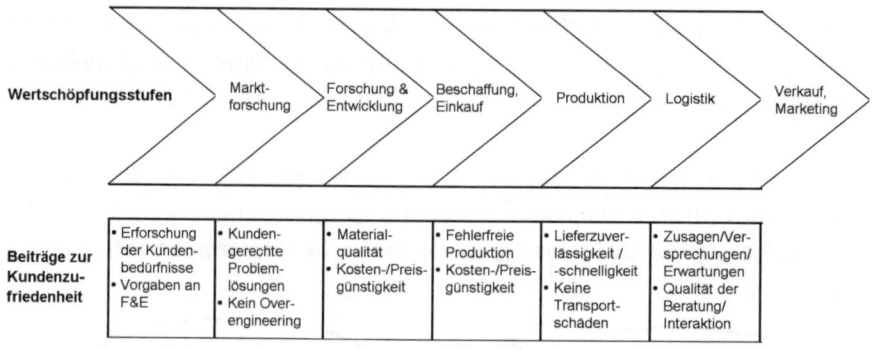

Abbildung 2.6 Mögliche Beiträge der Wertschöpfungsstufen zur Kundenzufriedenheit (i.A.a. Simon/Homburg, 1998, S. 22)

Zur **Messung der Kundenzufriedenheit** kann auf verschiedene Methoden zurückgegriffen werden. Nachfolgend sollen drei ausgewählte Verfahren kurz beschrieben werden:

▶ **Messverfahren auf der Basis multiattributiver Modelle**
Der zu beurteilende Gegenstand wird durch einzelne Attribute gekennzeichnet, und die Kunden werden nach Zufriedenheit, Erfüllungsgrad und Wichtigkeit der einzelnen Attribute befragt.

▶ **Messverfahren, die kritische Ereignisse im Interaktionsprozess der betrachteten Parteien aufdecken (Critical Incident Technique)**

Bei diesem Verfahren richtet sich das Erkenntnisinteresse auf negative oder positive Kundenerlebnisse in der Interaktion mit dem Unternehmen. Die Methode basiert auf der Prämisse, dass das reguläre Qualitätsniveau von den Kunden häufig gar nicht wahrgenommen wird, sondern nur bei kritischen Ereignissen der Qualitätsbeurteilung erhöhte Aufmerksamkeit geschenkt wird.

▶ **Die Auswertung von Beschwerdereaktionen**

Eingehende Beschwerden werden zunächst systematisch ausgewertet, um dann in einem zweiten Schritt die Quellen der Kundenunzufriedenheit zu beseitigen. Verbraucher, die sich beschweren, haben in der Regel ein besonderes Interesse an dem Produkt/der Dienstleistung. Die Bearbeitung der Beschwerde sollte als Investition in die Kundenbeziehung betrachtet werden. In der Literatur werden allgemein unter den Begriffen Beschwerdemanagement bzw. Beschwerdepolitik Ansätze diskutiert, die durch den aktiven Umgang mit Konsumentenbeschwerden die Marktbildung und Marktbeeinflussung ermöglichen.

Der Grad der Kundenzufriedenheit hat einen wesentlichen Einfluss auf das zukünftige Kaufverhalten und auf die Kundenbindung allgemein. So belegen zahlreiche empirische Untersuchungen, dass die Steigerung der Kundenzufriedenheit mit einer Erhöhung der Kundenbindung korreliert.

Kundenbindung

Kundenbindung bezieht sich allgemein auf den Aufbau und die Aufrechterhaltung einer Geschäftsbeziehung als einer nicht zufälligen Folge von Markttransaktionen zwischen Anbieter und Kunde. Im Vordergrund steht die Geschäftsbeziehung als Ganzes sowie deren langfristiger Verlauf und nicht die einzelne Transaktion (Übergang vom transaktions- zum beziehungsorientierten Verhalten). Unternehmen können mit Hilfe eines umfassenden Managements der Konsumentenbeziehung den Aufbau von nachhaltiger Loyalität ihrer Kunden erzielen (**Loyalty Based Management**).

Tomczak/Dittrich heben zwei Strategien zum Aufbau von Kundenbindung hervor:

▶ Das Anstreben einer möglichst niedrige Migrationsquote (Verringerung der Kundenabwanderung)

▶ Die systematische Erhöhung der Wiederkaufsquote der Kunden, um damit eine Optimierung der Umsatzhöhe pro Kunde zu erzielen

Gelingt es, Kunden langfristig zufrieden zu stellen und dadurch zu binden, ergeben sich für das Unternehmen lukrative Gewinnpotenziale. Eine Betrachtung der Kundenbeziehung aus einer finanziellen Perspektive bietet das **Customer Equity Management**. Unter Customer Equity ist der mit einem Kunden verbundene ökonomische Wert für das Unternehmen zu verstehen. Dieser Wert eines Kunden ergibt sich dabei einerseits aus der direkten Geschäftsbeziehung mit ihm und andererseits aus seinem Einfluss auf andere tatsächliche oder potenzielle Kunden. Weitere Überlegungen zur Wirtschaftlichkeitsrechnung des Kundenbindungsmanagements stellen zudem die Kundenbindungskosten dem Kundenbindungsnutzen gegenüber.

In der Regel arbeiten Hersteller, die einen Markt mit vielen Kunden und geringem Deckungsbeitrag bedienen, nur mit einfachen Kundenbeziehungen. Produkte werden lediglich verkauft, es kommt zu keinem weiteren Kontakt. Aber bereits die Einführung z.B. eines Servicetelefons würde zu einer reaktiven Beziehungsgestaltung führen, sofern das Unternehmen diesen Dienst in der Kundschaft auch bekannt macht. Im Abschnitt 3.3 werden Maßnahmen aufgezeigt, die einen Kontakt bzw. Dialog mit dem Konsumenten herstellen und die Kundenbindung erhöhen können.

Aus den Reaktionen der Kunden auf Maßnahmen der Kundenbindung entstehen verschiedene Nutzenkategorien für das Unternehmen (vgl. Abbildung 2.8). Direkte Kundenbindungsnutzen basieren auf Kundenreaktionen und deren den Umsatz erhöhenden bzw. die Kosten verringernden Wirkungen, die eine Gewinnsteigerung verursachen. Indirekte Kundenbindungsnutzen können nicht direkt den Reaktionen der Kunden zugeordnet werden, wirken sich aber dennoch positiv auf das Unternehmen aus.

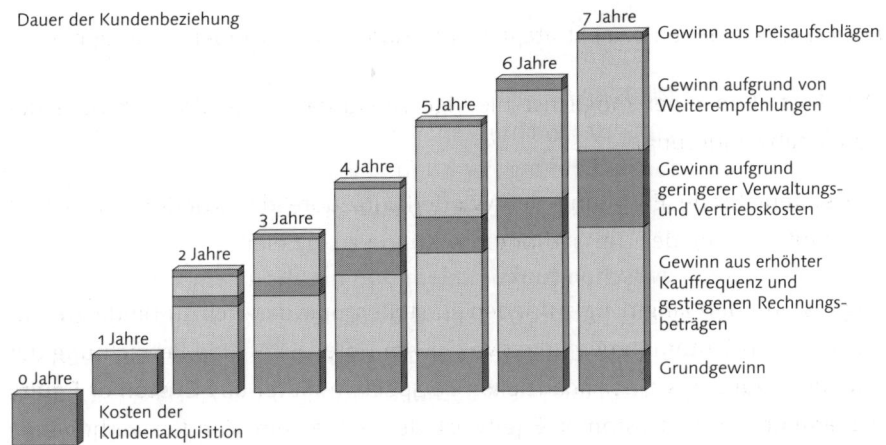

Dauer der Kundenbeziehung

7 Jahre — Gewinn aus Preisaufschlägen

6 Jahre — Gewinn aufgrund von Weiterempfehlungen

5 Jahre — Gewinn aufgrund geringerer Verwaltungs- und Vertriebskosten

4 Jahre — Gewinn aus erhöhter Kauffrequenz und gestiegenen Rechnungsbeträgen

3 Jahre — Grundgewinn

2 Jahre

1 Jahre

0 Jahre — Kosten der Kundenakquisition

Abbildung 2.7 Gewinnpotenziale durch Stammkundenbeziehungen (Reichheld et al., 1991, S. 108–116)

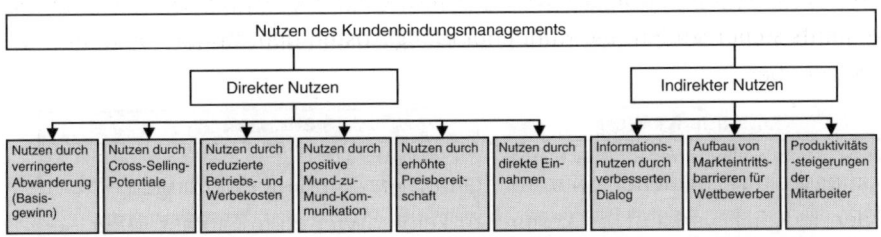

Abbildung 2.8 Nutzenkategorien des Kundenbindungsmanagements (Bruhn, 1999, S. 160)

In der im Jahr 1999 durchgeführten Handelsmonitor-Studie (eine jährliche gemeinsame Studie der *Universität des Saarlandes* und der *Universität Graz*) bewerteten 96 Prozent der befragten Manager aus Handel und Industrie die Kundenbindung mit zukünftig hoher bzw. sehr hoher Bedeutung.

Kundenbegeisterung

Ausgehend von den oben vorgestellten Ebenen der Kundenzufriedenheit und Kundenbindung ist die in diesem Abschnitt behandelte Kundenbegeisterung die höchste qualitative Stufe in der Kundenbeziehung. Die von vielen Unternehmen angestrebte Kundenzufriedenheit ist ein wichtiger grundlegender Faktor in der Beziehung zwischen einem Unternehmen und seinen Kunden, allerdings ist diese Ebene für den Aufbau einer langfristig intensiven Kundenbeziehung nicht ausreichend. Den Wettbewerbern dürfte es unter Einsatz von adäquaten Mitteln relativ einfach möglich sein, ebenfalls die wesentlichen Bedürfnisse der Kunden zu erkennen und optimal zu bedienen. Ein erfolgreiches Unternehmen muss deshalb bestrebt sein, eine Beziehung zu seinen Kunden zu entwickeln, die mehr umfasst als die reine Befriedigung der wichtigsten Bedürfnisse. Eine über dieses Niveau hinausgehende emotionale Bindung der Kunden wird in den letzten Jahren unter dem Stichwort Kundenbegeisterung bzw. **Consumer Enthusiasm** diskutiert.

Die Unterscheidung zwischen funktionalem und emotionalem Wert

Bei der Untersuchung der Kundenbeziehung zwischen Handel und Industrie auf der einen Seite und den Konsumenten auf der anderen Seite stellt der Wert des Angebots aus Kundensicht einen bedeutenden Ansatz in der Analyse dar. Der in der amerikanischen Wirtschaftsliteratur verwendete Begriff »Value« ist auf *Porters* Überlegungen zum Konzept der Wertschöpfungskette zurückzuführen. Der von den Konsumenten antizipierte Wert einer Ware oder einer Dienstleistung ist das Ergebnis des Wertschöpfungsprozesses. Der Wert eines Produkts oder einer Dienstleistung für den Kunden ist zu unterscheiden in den funktionalen Wert und den emotionalen Wert. Abbildung 2.9 erläutert die beiden Begriffe.

Funktionaler Wert	Emotionaler Wert
Dies ist der physikalische Vorteil für die Kunden, die sie durch eine Produktleistung, eine Dienstleistung oder den Besuch einer bestimmten Einkaufsstätte erhalten. Der individuelle Vorteil ist einfach zu identifizieren, da es sich hier um die wesentlichen Bestandteile eines Angebots handelt.	Der emotionale Wert ist die gefühlsmäßige Erfahrung, die der Kunde bei der Inanspruchnahme der Produkt- oder Dienstleistung oder dem Besuch der Einkaufsstätte macht.
Beispiele für funktionale Werte: Produktleistung: z.B. bei Waschmittel ist es u.a. die Anzahl der Waschladungen pro Geldeinheit Dienstleistung: Erledigung einer Dienstleistung innerhalb einer bestimmten Zeit Einkaufsstätte: ein zweijähriges Umtauschrecht	**Beispiele für emotionale Werte:** Produktleistung: Die Verwendung eines Markenartikels gibt dem Kunden das Gefühl der Akzeptanz im Bekannten- und Freundeskreis. Dienstleistung: 24-Stunden-Lieferservice, der das Gefühl der Zuverlässigkeit und Hilfe auch in Notsituationen vermittelt Einkaufsstätte: Einkauf in Erlebniswelten

Abbildung 2.9 Die Unterscheidung zwischen funktionalem und emotionalem Wert (i.A.a. Pricewaterhouse Coopers/Roland Berger & Partner, 1999)

Handel und Industrie bewirken Kundenbegeisterung, wenn sie die Erwartungshaltung der Kunden deutlich übertreffen bzw. »ihn von bisher aufgenötigten Kompromissen befreien«. Diese Form der emotionalen Bindung bewirkt, dass die begeisterten Kunden das betreffende Unternehmen bzw. dessen Produkte und

Dienstleistungen anderen Personen aktiv empfehlen. Untersuchungen aus Großbritannien belegen diesen Zusammenhang. Ein Beispiel für eine tiefe emotionale Bindung zwischen Händler und Kunden in Deutschland bietet *Aldi*.

Die Schaffung von Kundenbegeisterung ist eine anspruchsvolle unternehmerische Aufgabe, die verschiedene Komponenten beinhaltet. Effizienz in der Leistungserstellung ist notwendig, jedoch als Basis für Kundenbegeisterung und damit einer langfristig geprägten Kundenbeziehung zu wenig. Es ist nicht ausreichend, lediglich identische Wertaktivitäten in einer besseren Qualität als die Wettbewerber auszuführen. Es ist vielmehr entscheidend, spezielle Lösungen für Kundenprobleme bzw. -bedürfnisse zu finden, die die Erwartungshaltung der Kunden deutlich übertreffen.

2.3 Bedeutung der Marke im Rahmen von CRM

Gesättigte Märkte, immer stärker als austauschbar erlebte Produkte und Dienstleistungen, fragmentiertes und hedonistisches Konsumentenverhalten, eine steigende Adaptionsgeschwindigkeit des Wettbewerbs und der immer brutaler werdende Wettbewerb der Hersteller sowie der Handelsunternehmen untereinander gehören zu den zentralen Unternehmensherausforderungen der Gegenwart.

Entsprechend kann man in den letzten Jahren im Konsumgüterbereich (FMCG) einen kontinuierlichen Rückgang der Markenbindung feststellen. Ebenso zeigt sich seit Jahren eine Steigerung beim Kauf von Sonderangeboten. Parallel dazu zeigt sich immer mehr eine Verbesserung des Images von Handelsmarken. Ihre Qualität wurde im Jahr 2000 von 70 Prozent der Konsumenten als den Markenprodukten ebenbürtig beurteilt – 1994 waren es erst 53 Prozent gewesen. Studien der *GfK* oder der *AWA* belegen ebenfalls eine Erosion des Markenbewusstseins (siehe Abbildung 2.10).

Dieser schleichende Prozess der Markenerosion ist für die Markenhersteller sehr gefährlich, da sie gegenüber dem Handel trotz aller Kooperationsmodelle immer mehr an Macht verlieren. Und nur starke Marken sichern den Herstellern eine gewisse Unabhängigkeit gegenüber dem Handel, da ansonsten die Zielkonflikte zu groß sind.

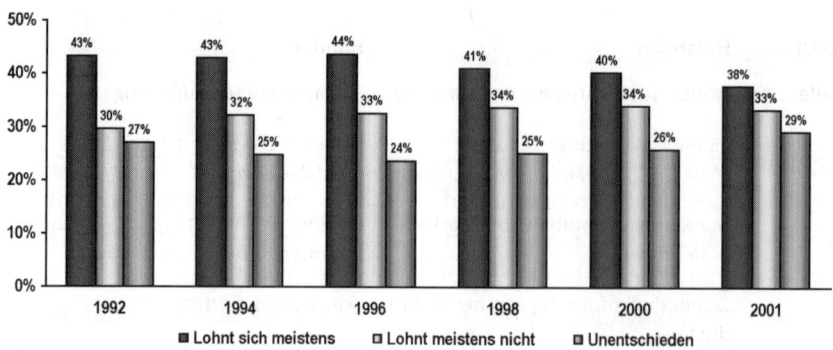

Abbildung 2.10 Die Markenbindung in Deutschland lässt nach. [ausgewählte Jahre; Bevölkerung ab 14 Jahre] (Quelle: AWA)

Konfliktkonstellationen zwischen Hersteller und Handel

Händler und Hersteller verfolgen im Grunde ein gemeinsames Ziel: die potenziellen Konsumenten zum Kauf relevanter Produkte zu veranlassen. Trotzdem verfolgen beide Parteien häufig sehr unterschiedliche Interessen. Jedes Wirtschaftssubjekt legt seine isolierten Ziele separat fest. Im deutschen Handel herrscht ein extrem starker Wettbewerb. Die Renditen des deutschen Lebensmittelhandels z.B. sind dadurch im internationalen Vergleich indiskutabel. Die Konflikte zwischen beiden Seiten eskalieren regelrecht. Deshalb wäre eine vertikale Kooperation das Gebot der Stunde, wie es ja auch von immer mehr Unternehmen in Form von Efficient Consumer Response (ECR) und Category Management (CM) angestrebt wird. Es bleibt aber die Frage, ob eine vollständige Harmonisierung der Zieldivergenzen erreicht werden kann. Führt man sich die unterschiedlichen Interessen genauer vor Augen, dann wird klar, dass die Definition von Kooperationszielen und die Implementierung kooperativer Modelle z.B. in Form von Category Management als ein sehr sensibler Bereich zu bewerten sind. Die Konfliktkonstellationen zwischen Handel und Hersteller erstrecken sich auf fast alle Gebiete (siehe Tabelle 2.1).

Zielbereich	Hersteller	Handel
Marktziele	Hoher Marktanteil für die Marke(n)	Einkaufsstättenprofilierung
	Eigener Marketingmix für die Marke(n), Aufbau von Markenimage	Hoher Marktanteil für den Sortimentsbereich
	Markentreue, Aufbau von Markenpräferenzen	Sortiments-Marketingmix, Aufbau Sortiments- bzw. Ladenimage
	Laufende Einführung von neuen Produkten	Konstanz im Sortiment
		Einkaufsstättentreue
		Forcierung der Handelsmarken
		Eher kurzfristig orientierte Umsatzziele
Produktpolitische Ziele	Höherer Grad der Produktdifferenzierung	Produktkonstanz, Einführung neuer Produkte nur bei hoher Erfolgsträchtigkeit
	Aktive, ständige Innovationspolitik	Gemäßigte Innovationsraten
	Höhere Innovationsraten	Sortimentsinteresse
	Produktinteresse, Markeninteresse	
Distributionspolitische Ziele	Präsenz des Herstellersortiments, hohe Distributionsdichte des gesamten Sortiments	Präsenz ausgewählter Marken und Eigenmarken, möglichst nur Schnelldreher
	Günstige Platzierung der eigenen Marken an den werbewirksamsten Stellen des Absatzmittlers	Optimierung der Platzierung des gesamten Sortiments nach Ladengesichtspunkten
	Hoher Service- bzw. Wartungsgrad des Handels	Günstige Logistikkosten, absatzabhängige schnelle Lieferung des Herstellers, kleine Bestellmengen
	Kontinuierlicher Absatz mit großen Bestellmengen	Niedrige Lagerhaltung, schneller Lagerumschlag
		Beteiligung der Hersteller am Service
		Gleichbehandlungsforderung gegenüber anderen Händlern oder Bevorzugung

Tabelle 2.1 Konfliktkonstellationen zwischen Hersteller und Handel
(Kellner, i.A.a. Becker, 1998)

Zielbereich	Hersteller	Handel
Preis-politische Ziele	Bindung des EVP	Autonome Preispolitik
	Einzelmarkenbezogene Preisopti-mierung	Preispolitik bezogen auf das Gesamts-ortiment
	Preissignale im Dienst des Produkt- bzw. Markenimages	Kompensatorische Preisoptimierung
	Überregionale, einheitliche, kontinu-ierliche Preisstellung	Preissignale im Dienst des Händleri-mages, eher niedrigpreisig, entspre-chend viele Sonderangebote
		Regional situativ angepasste Preisstel-lung
		Geschäftstypenorientierte Preispolitik
		Durchsetzung zusätzlicher Konditio-nen
Kommunika-tionspolitische Ziele	Aufbau eines Markenimages, mar-kenbezogene Werbung	Erhöhung oder Stabilisierung der Händlertreue
	Erhöhung oder Stabilisierung der Markentreue	Schaffung von Einkaufserlebnissen
	Schaffung von Produkterlebnissen	Differenzierter Werbestil entspre-chend der eigenen Marketing-, Sorti-ments- und Promotion-Politik
Promotion-Ziele	Marke	Eigenständige, sortimentsbezogene Verkaufsförderung und Promotion-Materialien
	Profilierung gegen Konkurrenzmar-ken (Markenloyalität)	Profilierung gegen Konkurrenzhänd-ler (Einkaufsstättenloyalität)
	Verkaufsförderungsmaterial im Sinne der Marke	Promotion-Material im Sinne der Ladengestaltung bzw. des Händleri-mages
	Möglichst späte Information wegen Konkurrenz	Möglichst exklusive Industrie-Promo-tions
		Möglichst frühe Information wegen Planung
		Beteiligung der Hersteller an den vom Handel gewährten Serviceleistungen

Tabelle 2.1 Konfliktkonstellationen zwischen Hersteller und Handel (Kellner, i.A.a. Becker, 1998) (Forts.)

Wenn Handel und Hersteller in der Zukunft nicht lernen, die Konflikte, wenn schon nicht zu beseitigen, so doch wenigstens zu minimieren und nach einer gemeinsamen Verbesserung der Wertschöpfungskette zu suchen, dann wird es nicht gelingen, die schleichende Erosion der Preiswürdigkeit der Markenartikel zu stoppen. Handelsmarken und alternative Angebote bzw. neue Vertriebsformen werden noch weiter an Bedeutung gewinnen. Dem Handel wird es aber ebenfalls nicht gelingen, seine Umsatzrendite zu steigern, da zu einem erfolgreichen Geschäft beim Konsumenten neben Handelsmarken und Sonderangeboten eben auch starke Marken gehören.

Einsatz von E-CRM zur Stärkung der Markenbindung

Es muss zumindest in Deutschland wohl auch in den nächsten Jahren davon ausgegangen werden, dass sich die Konflikte zwischen dem Handel und den Herstellern nicht befriedigend lösen lassen. Entsprechend müssen die Hersteller die Markenbindung stärken, indem sie den Absatz über hundertprozentige Kenntnisse der Märkte, der Vertriebskanäle, der Kundenpotenziale sowie individueller Kaufmotive steuern und aus vielfältigen Merkmalen und Motiven die individuelle Kundenzukunft ableiten. Die wichtigste Zielsetzung der Hersteller muss es bleiben, die Marktanteile ihrer Marken zu erhöhen. Und dies gelingt nur durch eine Ausweitung der Erstkaufsrate und vor allem durch eine Steigerung der Markentreue. Markentreue Käufer sind das stärkste Pfand in den Händen der Hersteller gegenüber dem Handel.

Diese Botschaft ist nicht neu. Neu sind aber die Informationstechnologien und unternehmensübergreifende Softwaresysteme, die die Möglichkeit bieten, weltweit alle Vertriebskanäle, Geschäftspartner, Customer Touch Points, Marketingprozesse und das gesamte Marktforschungswissen kundenbezogen zu koordinieren und effizient zu steuern. So wird es auch für FMCG immer einfacher und kostengünstiger, zusätzlich zum Einsatz klassischer Marketinginstrumente Kundenbindungsinstrumente einzusetzen, um so die Markentreue und die Markenbindung positiv zu beeinflussen. Eines dieser Instrumente ist CRM. CRM war in den Anfängen, wie auch zum Teil heute noch, vor allem ein Instrument für die Hersteller höherwertigen Gebrauchsgüter und Dienstleistungen. In Zukunft wird es auch immer stärker ein Instrument werden, das zur Steigerung der Markenbindung bei FMCG eingesetzt werden kann und sollte. Ist doch dabei der Hersteller völlig unabhängig vom Handel und kann seine eigenen Markenziele verfolgen.

Der Einsatz von CRM zur Markenstärkung bei FMCG ist vor allem bei großen, umsatzstarken Marken von Bedeutung. Wenn eine Marke wie *Nivea* mit ihren vielen Produkten eine Käuferreichweite von über 70 Prozent in der deutschen Bevölkerung hat, dann gibt es hier starke Synergieeffekte und Cross-Selling-Potenziale, die auch mit Hilfe von CRM erschlossen oder gestärkt werden können. Dabei sind natürlich vor allem die Instrumente des E-CRM von Bedeutung. Der Einsatz eines ganzheitlichen IT-gestützten Database Managements über das Internet ermöglicht auf einfache und kostengünstige Weise einen proaktiven und reaktiven Einsatz von CRM und dadurch eine Stärkung der Markenbindung.

Der Einsatz von E-CRM und des Internets zur Stärkung der Markenbindung schafft Möglichkeiten, die andere Kommunikationsinstrumente so nicht möglich machen:

▶ Es kann grundsätzlich ein erweitertes Markenerlebnis geschaffen werden, da weitere Markeninhalte vermittelt werden können, wie sie auf traditionelle Weise gar nicht oder nur zu sehr hohen Kosten möglich sind.

▶ Die Markenbeziehungen können in Echtzeit aufgebaut und verstärkt werden.

▶ Der Aufbau von virtuellen Communities schafft eine völlig neue Art von Markenerlebnis, wie es bisher nur im kleinen privaten Kreis möglich war. Kommunikation, Spiele, Wettbewerbe etc. sind in einem Ausmaß möglich, wie es früher nicht vorstellbar war.

▶ Die Vernetzung der verschiedenen Kommunikationsinstrumente steigert das Markenbewusstsein.

▶ Der Einsatz von Loyalitätsprogrammen, speziellen Promotionsmaßnahmen und personalisierter Kommunikation steigert ebenfalls die Markenbindung.

Der Einsatz von E-CRM und des Internets stellt allerdings für die Markenhersteller auch eine sehr große Herausforderung dar. Die Herausforderung liegt primär in der inhaltlichen Ausgestaltung der Instrumente:

▶ Der inhaltliche und gestalterische Rahmen wird bestimmt und eingegrenzt durch den Markenkern, die Markenpersönlichkeit, die Bildsprache im Sinne der Markenidentität und die Tonalität der Marke. Dazu gehört auch der konsequente Einsatz eines verbindlichen Corporate Designs.

▶ Die Markenartikler übernehmen eine Publisher-Funktion durch ihre Marken. Dies verlangt aber Relevanz und Aktualität bei der Gestaltung des Contents, da alle Anbieter um dasselbe Zeitbudget des Users konkurrieren. Individualisierte Content-Angebote müssen möglich sein. Nur ein professionelles Content Management kann dies leisten.

▶ Content Management heißt auch intelligente Vernetzung der Inhalte mit anderen Marken bzw. interessanten Inhalten Dritter. Diese Vernetzung schafft erweiterte und neue Markenerlebnisse. Sponsoring kann hier eine völlig neue Bedeutung erhalten.

▶ Eine relativ einfache Art der Vernetzung von verschiedenen Unternehmen ist die gemeinsame Durchführung von Verkaufsförderungsaktionen (Partnering, vgl. Abschnitt 3.3.2). Dabei können zwei Typen unterschieden werden. Von einer vertikalen Kooperation spricht man, wenn eine Handelsorganisation eine Verkaufsförderungsaktion gemeinsam mit einem Markenartikelhersteller durchführt. Von einer horizontalen Kooperation spricht man, wenn zwei Markenartikelunternehmen eine gemeinsame Verkaufsförderungsaktion durchführen. Gerade für große Marken bietet das Internet die besten und einfachsten Möglichkeiten für eine Kooperation, die wiederum die Marken stärken kann. Ein Beispiel dafür ist die gemeinsame Promotion von *Nescafe* und *Tefal* in Form eines Gewinnspiels (siehe Abbildung 2.11).

▶ Die Markenkommunikation muss als Zwei-Wege-Kommunikation verstanden werden. Die Rückkopplung mit dem User darf sich nicht nur auf eine einfache E-Mail-Funktion beschränken, sondern muss in Zukunft bis zur Einflussnahme des Konsumenten auf die Kommunikations- und Produktpolitik gehen.

▶ Kommunikation bedeutet nicht nur die Schaffung von Kontaktmöglichkeiten, sondern auch den Einsatz von Kundenbindungsprogrammen, Spezial-Promotion-Programmen und eine integrierte Kommunikation, die für die Zielgruppen auch Spaß und Unterhaltung sicherstellen (siehe Abbildung 2.12).

▶ Als interaktives Medium muss das Internet auch interaktive Möglichkeiten zur Verfügung stellen. Dies ist für Marken in Form von Gewinnspielen und Preisausschreiben ohne große Probleme möglich und wird auch verstärkt umgesetzt. Durch einen hohen Unterhaltungswert und Gewinnchancen bei Spielen und Preisausschreiben ist eine höhere Aufmerksamkeit und eine Aktivierung des Besuchers im Sinne der Marke möglich. Die Bereitschaft zur Informationsaufnahme wird gesteigert und die Einstellungen gegenüber der Marke werden positiv beeinflusst.

Abbildung 2.11 Beispiel für eine kooperative Promotion im Internet (www.nescafe.de, 2001)

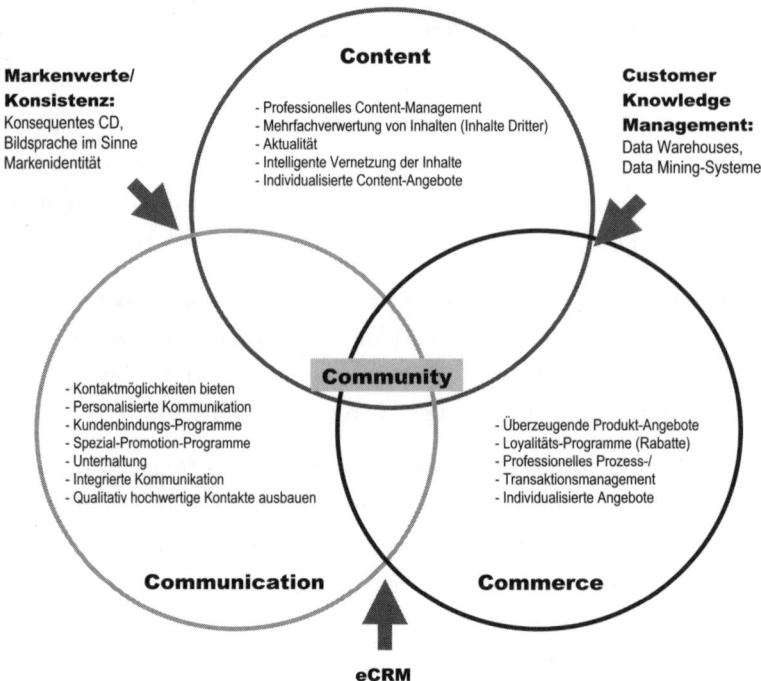

Abbildung 2.12 Markenerlebnis im Internet (Kellner, 2001, i.A.a. Gräf, 1999)

Abbildung 2.13 veranschaulicht anhand einer Sitemap, welche Inhalte die *Beiersdorf AG* für die Schaffung eines Markenerlebnisses für ihre Personal-Care-Marke *Nivea* ausgewählt hat.

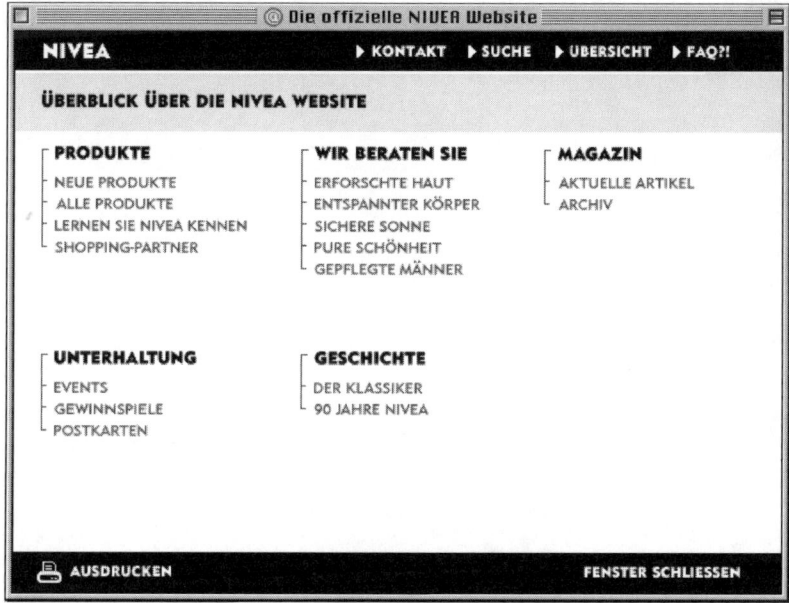

Abbildung 2.13 Nivea Sitemap (www.nivea.de, 01/2002)

3 Komponenten und Funktionen des CRM

Im Folgenden werden grundsätzliche Komponenten und Funktionen des CRM untersucht. Die Grundlage bilden drei zentrale Aufgaben eines CRM-Systems:

▶ systematische Zusammenführung und Analyse aller Kundeninformationen

▶ operative Unterstützung und Synchronisation der zentralen Customer Touch Points (Marketing, Vertrieb und Service)

▶ Steuerung und Integration aller Kommunikationskanäle zum Kunden

Diesen Aufgaben entsprechend lässt sich ein CRM-System in die folgenden drei zentralen Aufgabenbereiche unterteilen:

Analytisches CRM (vgl. Abschnitt 3.1): Hier werden Kundenkontakte und -reaktionen systematisch aufgezeichnet und für eine kontinuierliche Optimierung der kundenbezogenen Geschäftsprozesse ausgewertet. Ziel ist der Aufbau eines lernenden Systems (Closed Loop Architecture), um Kundenreaktionen systematisch verwerten und darüber die Leistungen und die Kommunikation kontinuierlich an die Kundenbedürfnisse individuell anpassen zu können.

Operatives CRM (vgl. Abschnitt 3.2): Im Zentrum stehen die Anwendungsbereiche des direkten Kontakts mit dem Kunden (Front Office). Dies beinhaltet Lösungen zur Marketing-, Sales- und Service-Automation. Es unterstützt den Dialog zwischen Kunden und Unternehmen sowie die dazu erforderlichen Geschäftsprozesse mit Anbindung an Back-Office-Lösungen, z.B. Enterprise Resource Planning (ERP), Supply Chain Management (SCM), Computer Integrated Manufacturing (CIM). Auf den ersten Blick mag dies bzgl. der Beziehung zwischen einem Konsumgüterhersteller und den Konsumenten überdimensioniert erscheinen. Sobald aber ein Konsumgüter herstellendes Unternehmen beginnt, seine Produkte auch im Direktvertrieb z.B. via Internet abzusetzen (vgl. Abschnitt 3.4) und ggf. auch eine kundenindividuelle Massenproduktion einführt (vgl. Abschnitt 3.5), kann der CRM-Einsatz relativ komplex werden.

Kommunikatives CRM (vgl. Abschnitt 3.3): Hierunter fällt die gesamte Steuerung und Unterstützung sowie die Synchronisation aller Kommunikationskanäle zum Kunden (Telefonie, Internet, E-Mail, Mailings etc.). Diese werden zielgerichtet eingesetzt, um eine möglichst bidirektionale Kommunikation zwischen Kunden und Unternehmen zu ermöglichen. Eine zentrale Rolle spielt dabei das Customer Interaction Center als multimediale Kommunikationsschnittstelle.

3.1 Analytisches CRM

Die IT-Landschaft ist in vielen Unternehmen von historisch gewachsenen Insellösungen geprägt. Es finden sich z.B. Computer Aided Selling (CAS), Help Desks, Call-Center, Marketing-Support, Analysesysteme, Webanwendungen etc. Dies verhindert eine einheitliche Sicht auf die im Unternehmen vorhandenen Kundendaten, was oft zu inkonsistenten, veralteten, falschen und unvollständigen Informationen über den Kunden führen kann. Ein Ziel von CRM-Systemen ist die Zusammenführung der einzelnen Insellösungen, damit alle Unternehmensbereiche nur noch auf eine zentrale Kundendatenbank zugreifen. Dies ermöglicht sowohl eine ganzheitliche Sicht auf den einzelnen Kunden als auch einen ganzheitlichen, in sich stimmigen Dialog mit dem Kunden. Als wesentlicher informationstechnologischer Bestandteil gilt das **Data Warehouse** als eine logische, einheitliche, konsistente Datensammlung für die Unterstützung des Managements bei seinen Entscheidungen. Je nach Aufgabenstellung können zusätzliche Analyseinstrumente wie **Online Analytical Processing (OLAP)** und **Data Mining** eingesetzt werden.

Data Warehouse

Das Ziel von Data-Warehouse-Konzepten besteht in der Integration aller Geschäftsdaten in einer einzigen Datenbank, die für Abfragen und Analysen für verschiedene Anwender eines Unternehmens bzw. einer ganzen Wertschöpfungskette zugänglich ist, z.B. für Lieferanten, Handelszentralen und Verkaufsstätten. Alle relevanten Informationen des Wertschöpfungsprozesses sollten so früh wie möglich in einer Datenbank bereitgestellt werden, zu der alle Beteiligten der Versorgungskette über Internet Zugriff haben. Damit ist es möglich, dass die Partner im Absatzkanal frühzeitig auf zukünftige Ereignisse reagieren können, um den Konsumenten optimal zu bedienen. Die Kommunikationsmöglichkeiten des Internets revolutionieren die bisherige Arbeit unter den Partnern. Die Kosten hierfür sind in der Relation zu der gesteigerten Effizienz minimal.

Fallbeispiel 1: Wal-Mart als globales Data-Warehouse-Benchmark

Das US-amerikanische Handelsunternehmen *Wal-Mart* setzt in Bezug auf ein modernes Data-Warehouse-Konzept globale Maßstäbe. In der Firmenzentrale in Bentonville betreibt das Unternehmen ein Netzwerk mit dem Namen Teradata. Das Data Warehouse umfasst mehrere hundert Terabyte an Daten (ein Terabyte entspricht 1000 Gigabyte). Bei Hochbetrieb verarbeitet das System täglich 20000 Abfragen von Einkäufern, Filialmitarbeitern und auch 6800 Lieferanten. Interne wie externe Personen haben via »Retail Link« die Möglichkeit, routinemäßig auf die täglichen Absatz-, Liefer- und Bestandsdaten von mehr als 2800 Filialen zuzugreifen. Die Abfragen betreffen hauptsächlich Absatztrends, Konsumentenpräferenzen und Bestandsgrößen pro Filiale. Das »Retail Link«-Netz dient weltweit als informationstechnologisches Vorbild für eine enge Verzahnung von Handel und Konsumgüterherstellern.

Die Anforderungen, die ein Data Warehouse erfüllen muss, lassen sich wie folgt charakterisieren:

▶ Organisierte und systematisierte Datenbestände, die eine problemindividuelle Analyse erlauben

▶ Hohe Zuverlässigkeit und Aktualität

▶ Anwendungsorientierung und damit auch leichte Erlernbarkeit der Abfragesprache

▶ Mehrdimensionale Abfragemöglichkeiten

▶ Integrierbarkeit in ein Management-Informationssystem (MIS)

Durch ein Data-Warehouse-Konzept ist es möglich, den Aufwand der Datenerfassung und Datenverarbeitung zu reduzieren, die Datenspeicherung effektiver zu gestalten und die Übertragungsgeschwindigkeit von Informationen zu erhöhen. Des Weiteren lässt sich diese Enabling Technology als Frühwarnsystem zur Erkennung von Schwachstellen nutzen. Das Modul Data Warehouse ist ein wichtiger Beitrag, um die Leistungsfähigkeit integrierter Warenwirtschaftssysteme und Kommunikationssysteme weiter zu steigern. Aufgrund der komplexen Struktur der Anwendung ist für einen erfolgreichen Einsatz ein hohes Maß an Management-Know-how gefragt.

Fallbeispiel 2: Tesco als europäisches Data-Warehouse-Benchmark

Als europäisches Data-Warehouse-Benchmark ist *Tesco*, eines der führenden Handelsunternehmen in Großbritannien, anzusehen. Tesco ermöglicht den Lieferanten den Zugriff auf seine EPOS-Daten (Electronic Point-of-Sale) via Trade Information Exchange (TIE) im Internet. Nach Eingabe ihrer persönlichen Identifikationsnummer erhalten die Lieferanten die tagesgenauen Tesco-Verkaufsdaten einschließlich Margen und Gewinnberechnung. Gleichzeitig können die Industriepartner in TIE ihre eigene Leistungs-Performance anhand der Tesco-Scorecard ablesen. Entsprechende Abweichungen vom Optimum werden damit schnell deutlich. Das folgende Fallbeispiel erläutert die drei grundlegenden Bausteine des Data Warehouse-Konzepts von Tesco.

Das Trade Information Exchange (TIE) von *Tesco* ist ein webbasierter Extranet-Service, der sich aus drei Bausteinen zusammensetzt und auf den bisher 450 registrierte Tesco-Lieferanten (diese repräsentieren 70 Prozent des Umsatzes und 20 Prozent der gesamten Lieferantenzahl) Zugriff haben.

▶ **Baustein 1: General Information**
Der erste Baustein enthält allgemeine Informationen wie z.B. ein komplettes Filialverzeichnis aller Tesco-Outlets. Per Mausklick kann jeder Filialleiter via E-Mail kontaktiert werden. Weiterhin erlaubt das System den Zugriff auf Kurzinformationen über jeden Tesco-Mitarbeiter und verschiedene andere Funktionen.

▶ **Baustein 2: Supply Chain**
Dieser Anwenderteil ermöglicht den Lieferanten die Abfrage von Abverkäufen ihrer Produkte pro Filiale oder auch die Überprüfung der Bestandssituation.

▶ **Baustein 3: Commercial Excellence**
Mit Hilfe des dritten Bausteins kann ein Lieferant die Entwicklung neu gelisteter Produkte mit der Anwendung »New Product Introduction« bzw. »New Line Form« analysieren. Der Hersteller trägt dazu ein neues Produkt bzw. eine neue Produktlinie in ein standardisiertes Registrierungsformat ein. Durch diese Funktion können Einführungszeitpunkte optimiert und Zeitlimitierungen besser eingehalten werden. Gleichzeitig erlaubt der dritte Baustein ein ausgefeiltes Promotion Management.

Der Zugang zu dem System ist für Lieferanten kostenpflichtig. Neben einer einmaligen Eintrittsgebühr von 10000 britischen Pfund müssen jährlich 5000 britische Pfund Bezugsgebühren sowie eine einmalige Gebühr für die Anwendung »Promotion Management« entrichtet werden. Schulung, Service und Beratung werden komplett durch den Dienstleister *General Electric Information Services* übernommen. Für Tesco entstehen weder Kosten noch Serviceaufwand.

Die vollständige Befriedigung der Kundenbedürfnisse und Individualisierung von Kundenbeziehungen erfordert möglichst genaue Informationen über den einzelnen Kunden. Entscheidend ist dabei die systematische Speicherung und Verknüpfung aller im Unternehmen zur Verfügung stehenden Kundendaten und fortlaufende Aktualisierung und Pflege des Systems, um die Informationen als Grundlage für Analysen und daraus abzuleitende Entscheidungen und Maßnahmen verwenden zu können. Ein (Customer) Data Warehouse kann je nach Produkten und Leistungen des Anbieters von jedem einzelnen Kunden Daten beinhalten, die sich wie folgt gliedern lassen (nicht erschöpfend):

▶ **Grunddaten:** Kontaktdaten, Merkmale über Geografie, Soziodemografie, Psychografie, Kaufverhaltensmerkmale, Kaufkriterien sowie Regio- und Lifestyle-Typ

▶ **Potenzialdaten:** Produktspezifischer Gesamtbedarf (Lifetime Value), Bedarfszeitpunkte, Position im Kundenportfolio, Kundenklassifizierung

▶ **Aktionsdaten:** Informationen über Art/Kanal, Intensität, Umfang, Häufigkeit, Zeitpunkte, Inhalte von Unternehmensaktivitäten bzgl. des Kunden

▶ **Reaktionsdaten:** Ökonomische Daten über Umsatzhöhe/-struktur, Kaufzeitpunkte etc. sowie außerökonomische Daten über Anfragen, Einstellungen, Kenntnisse, Beschwerden, Dauer der Kundenbeziehung, Loyalitätsgrad

Data-Warehousing-Systeme sind in der Lage, komplexe Datenstrukturen in Terabyte-Größe sekundenschnell zu durchsuchen und ganze Auswertungen zu erstellen. Sofern mehrdimensionale Analysen der Daten benötigt werden, kann das Online Analytical Processing als Analyseinstrument Bestandteil eines Data Warehouse-Konzepts sein.

Online Analytical Processing

Der Begriff Online Analytical Processing (OLAP) wurde 1993 von *Codd* et al. geprägt. OLAP dient der Versorgung des Managements und der Fachabteilungen mit integrierten, konsistenten Daten. Dazu werden die für die Analyse relevanten Kennzahlen wie z.B. Absatz oder Umsatz in Form eines multidimensionalen Datenwürfels abgebildet, dessen Dimensionen betriebswirtschaftlich relevante Gliederungskriterien wie z.B. Produktgruppen, Kundengruppen oder Vertriebskanäle sein können. Entsprechend des Analyseziels werden die Kennzahlen entlang der gewählten Dimensionen mit Hilfe bestimmter Navigationsfunktionen wie Drill-down, Roll-up, Slice, Dice aufgebrochen bzw. aggregiert.

Vereinfacht dargestellt handelt es sich bei OLAP-Tools um Software, die aus dem Data Warehouse Abfragen erstellt und aus diesen wiederum tabellarische oder grafische Reports generiert. Allerdings sind die Analysepotenziale der bestehenden Datenbestände damit nicht vollständig auszuschöpfen. OLAP liefert zunächst nur eine Beschreibung des Istzustandes – die Antwort auf die Frage nach dem »Was«. Um die Ursache für den Istzustand zu erhalten, wird Data Mining verwendet, das die Antwort auf die Frage nach dem »Warum« liefert.

Data Mining

Data Mining untersucht die Interdependenzen zwischen den in einem (Customer) Data Warehouse gespeicherten Informationen. Dabei kommen verschiedene multivariante statistische Verfahren einschließlich neuronaler Netze zum (kombinierten) Einsatz, um bisher unerkannte Zusammenhänge aufdecken zu können. Charakteristische Aufgabenstellungen sind beispielsweise festzustellen, welche Kunden mit den Leistungen des Unternehmens unzufrieden und absprunggefährdet sind oder bei welchen Kunden sich Maßnahmen zur Reaktivierung lohnen können. Inklusive Auswahl der Variablen und des Modells kann das Data Mining in fünf Arbeitsschritte gegliedert werden:

1. Stichprobenbildung (optional) und Bereitstellung von Training-/Testdaten

2. Exploration (Variablenauswahl, Gruppierung, Visualisierung)

3. Modifikation und Transformation der Daten

4. Modellbildung, z.B. Regressions-, Cluster-Analysen, neuronale Netze, Entscheidungsbäume, Assoziationsanalysen

5. Qualitative Modellbewertung

Beispielhafte Analysen im Kontext des CRM können sein:

Kundenanalysen: Dazu zählen neben klassischen Kundensegmentierungen auch Kundenklassifikationen nach langfristiger Profitabilität (Customer Lifetime Value), was eine kundenspezifische Festlegung sinnvoller Kundenbindungsmaßnahmen ermöglicht. Mit Hilfe von Churn-Analysen können im E-Commerce frühzeitig potenzielle Abbrecher z.B. anhand eines veränderten Interaktionsverhaltens identifiziert werden und durch geeignete Maßnahmen zum Bleiben bewegt werden.

Marktreaktionsanalysen: Nach dem Closed-Loop-Ansatz werden kontinuierlich Reaktionen von Kundensegmenten auf verschiedene vom Unternehmen initiierte Marketingaktionen untersucht. Dadurch können im Kampagnenmanagement Kontaktfolgen und Kontaktinhalte kundenspezifisch optimiert werden.

Prognosen: Mittels Data Mining können basierend auf Absatzreihen und entsprechenden kausalen Zusammenhängen Absatz- oder Marktprognosen erstellt werden, z.B. zur Optimierung der Produktionsmengen.

Web Mining: Der Einsatz des Internets als Kommunikations- und ggf. auch Absatzkanal generiert ein hohes Datenaufkommen, das es für Analysen zu nutzen gilt. Anhand von Logfiles, Cookies, Kundendatenbanken etc. wird darum das Nutzerverhalten untersucht. Ziel im Sinne von E-CRM ist hierbei u.a. die Generierung von Regeln für einen personalisierten und auf die individuellen Anforderungen des einzelnen Kunden angepassten Aufbau von Websites. Überdies wird auch eine Klassifikation der Kunden nach ihrem Informations- und Einkaufsverhalten und eine Optimierung der Webseitengestaltung möglich. Sofern Datenbankfunktionen zur Umsetzung eines One-to-One-Marketings eingesetzt werden, wird vor allem die Möglichkeit des Trackings via Data Mining/Web Mining zur Erfassung des Online-Verhaltens der Kunden genutzt (vgl. Abbildung 3.1).

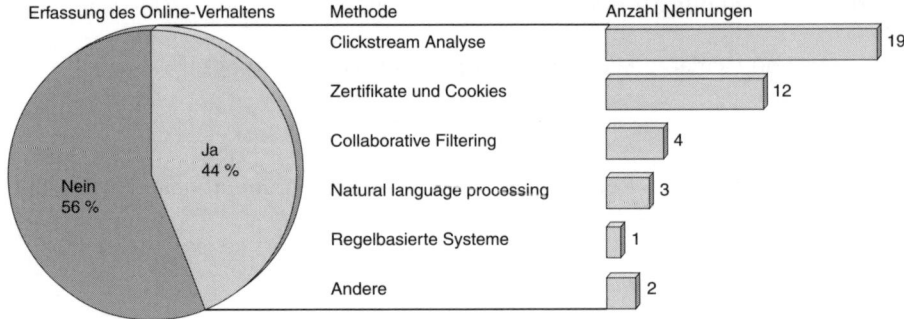

Abbildung 3.1 Methoden zur Erfassung des Online-Verhaltens für One-to-one-Marketing (CGE&Y/IMMF, 2001)

Text Mining: Die Analyse unstrukturierter Texte befindet sich noch in einem frühen Entwicklungsstadium, wird aber in Zukunft an Bedeutung gewinnen. Beispielsweise könnten in Textform eingehende Beschwerden analysiert und automatisch an zuständige Stellen weitergeleitet werden. Ausgehend von mehr als 80 Prozent der Kundeninformationen, die in unstrukturierter Form vorliegen, kann zukünftig für Unternehmen die automatische Analyse von Texten einen wichtigen Beitrag für das Customer Data Warehouse leisten und damit die Analysemöglichkeiten weiter ausbauen.

3.2 Operatives CRM

Das operative CRM kann unterteilt werden in die zu automatisierenden Unternehmensbereiche Marketing, Vertrieb und Service. Unter Berücksichtigung der im analytischen CRM gewonnenen Erkenntnisse soll das CRM in allen drei Bereichen administrative, analytische und Kontakt unterstützende Aufgaben erfüllen.

3.2.1 Marketing-Automation

Die Marketing-Automation dient der Steuerung und Unterstützung der kundenbezogenen Geschäftsprozesse im Marketing. Ziel ist eine ganzheitliche, logisch abgestimmte Gestaltung der Kundenkontakte.

Kampagnenmanagement

Zentrale Aufgabe der Marketing-Automation ist das Kampagnenmanagement, das

▶ dem richtigen Kunden

▶ das richtige Informations- und Leistungsangebot

▶ im richtigen Kommunikationsstil

▶ über den richtigen Kommunikationskanal

▶ zum richtigen Zeitpunkt vermittelt.

Basierend auf Kundenanalysen werden konkrete Marketing-Aktionsfolgen (Kampagnen) entwickelt. Alle **Customer Touch Points** werden hinsichtlich der Forderung nach **One Face to the Customer**, unter Einbezug aller dialogorientierten Maßnahmen sowie der On-/Offline-Kundenkontakte von Service und Vertrieb, synchronisiert. Das Kampagnenmanagement strebt die Umsetzung integrierter Kontaktketten an, die aus dem kombinierten Einsatz der einzelnen Kommunikationskanäle bestehen (**Multichannel Integration**). Die wesentlichen Phasen des Kampagnenmanagements sind die Kampagnenplanung, Kampagnensteuerung sowie die abschließende Wirkungsanalyse.

Kampagnenplanung: Zunächst erfolgt eine nähere Definition der verfolgten Ziele (z.B. Kundenrückgewinnung oder Umsatzsteigerung). Bei einstufigen Kampagnen werden die Kunden bzw. Kundengruppen nur einmalig angesprochen, und es werden nur einmalige Kundenreaktionen erwartet. Mehrstufige Kampagnen zeichnen sich dadurch aus, dass in Abhängigkeit von der jeweiligen Kundenreaktion mehrere aufeinander aufbauende Aktionen geschaltet werden, was eine Aufstellung von Kommunikationsregeln erfordert, wie z.B. »Wenn Kunde nicht auf Mailing reagiert, dann telefonisches Nachfassen.« Hinsichtlich der angestrebten kontinuierlichen Kundeninteraktion stellen mehrstufige Kampagnen im CRM den Normalfall dar.

Kampagnensteuerung: Im Verlauf der Kampagne wird jede erzielte Kundenreaktion in das Customer Data Warehouse eingespeist und mit vordefinierten Werten für das Auslösen einer Folgereaktion abgeglichen. Die Reaktion auf ein bestimmtes Kundenverhalten erfolgt auf Basis der zuvor in der Kampagnenplanung aufgestellten Kommunikationsregeln. Aufgrund der Auslösung von Marketingmaßnahmen nach dem Eintreten bestimmter Ereignisse wird dieses auch eventgetriggertes Marketing genannt.

Wirkungsanalyse: Das Ziel der Gewinnung handlungsrelevanter Informationen für den weiteren Kampagnenverlauf sowie für zukünftige Kampagnen wird durch eine kontinuierliche Auswertung der dem Customer Data Warehouse zugeführten Daten über die Kundenreaktionen erreicht. Beispiele der Erkenntnisse einer Analyse können sein:

▶ Die Abhängigkeit zwischen Reaktionsverhalten (positiv/negativ) verschiedener Kunden bzw. Kundensegmente und der jeweiligen Kauf- und Kontakthistorie

▶ Die Höhe der Akzeptanz der gewählten Kommunikationskanäle

▶ Der Return on Investment einer Kampagne

▶ Erkenntnisse zur Optimierung der Triggerregeln gewinnen

Analyse von Kundencharakteristika und Kundenverhalten

Die Führung von Warengruppen als strategische Geschäftseinheiten und die dementsprechend richtige Positionierung ist ohne detaillierte Kenntnisse über Kunden und Märkte undenkbar. Im Rahmen der Marketing-Automation ist die kontinuierliche Analyse der Kundencharakteristika und des Kundenverhaltens von zentraler Bedeutung. Das Wissen über Konsumenteneinstellungen und Konsumentenverhalten bildet die Basis für die Erhöhung des Kundennutzens und damit die Ausbildung einer höheren Affinität eines Kunden zu einem Unternehmen. Je nach verfolgter Zielsetzung gibt es für die Analysen via OLAP und/oder Data Mining verschiedene Einsatzgebiete:

Segmentierung: Eine differenzierte Kundenansprache erfordert die Bildung von Kundengruppen, die bezüglich ihrer Produkt-, Dienstleistungs- und Kommunikationsbedürfnisse möglichst homogen sein sollten. Entsprechend ihrer jeweiligen Bedürfnisstruktur lassen sich die Kundengruppen effektiver bearbeiten als durch ein undifferenziertes Massenmarketing.

Kundenscoring: Unter der Zielsetzung, in den einzelnen Segmenten die profitabelsten Kunden herauszufiltern, wird anhand ausgewählter Merkmale für jeden Kunden dessen Wert für das Unternehmen ermittelt. Als Orientierungsgröße dient zunehmend der Customer Lifetime Value (vgl. Abschnitt 2.1). Die Abschätzung des zukünftigen Potenzials eines Kunden hilft, ineffiziente Marketingaktionen zu vermeiden.

Cross-/Up-Selling-Analyse: Die Ermittlung des Cross- und Up-Selling-Potenzials dient der Prognose des zukünftigen Kaufverhaltens und damit ebenfalls zur Optimierung zukünftiger Marketingaktionen.

Churn-Analyse: Mit Hilfe einer Kundendifferenzierung hinsichtlich ihrer Abwanderungsneigung wird versucht, durch entsprechende Marketingmaßnahmen abwanderungsgefährdete Kundengruppen rechtzeitig vom drohenden Wechsel zu einem Konkurrenten abzuhalten.

Der Kooperation von Hersteller und Händler bei der Datenaggregation als Voraussetzung für die Kundenanalyse kommt dabei eine wichtige Bedeutung zu. Die Verzahnung von Wissen über den Konsumenten bietet die Chance, das Konsumenten-Puzzle zu vervollständigen, wie Abbildung 3.2 veranschaulicht.

Innerhalb des Konsumenten-Puzzles sind Felder wie soziodemografische Profile, spezifisches Einkaufsverhalten und Ausgabenhöhe für Artikelgruppen relativ unerforscht. Die kooperative Marktforschung von Händler und Hersteller bietet hierbei einen Lösungsansatz, um das individuelle Wissen über den Konsumenten und sein Verhalten zu erhöhen. Gebündelte Ressourcen und Kompetenzen ermöglichen herausragende Synergieeffekte. Das nachfolgende Fallbeispiel zur kooperativen Marktforschung zwischen Handel und Industrie verdeutlicht die Anwendung in der Praxis.

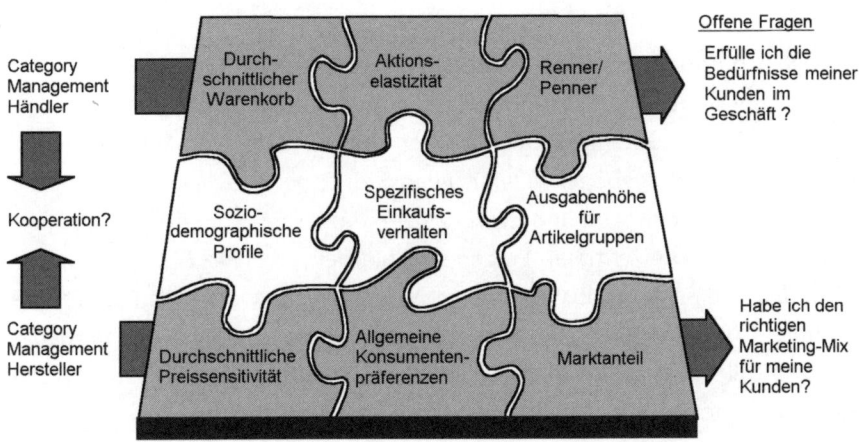

Abbildung 3.2 Kooperation in der Markt- und Konsumentenforschung (Mei-Pochtler/Schächer/Loos, 1999)

Fallbeispiel 3: Kooperative Marktforschung zwischen Handelspartnern und Procter & Gamble

Einer der weltweit führenden Konsumgüterhersteller und ECR-Pioniere, *Procter & Gamble*, bringt die unternehmenseigene Marktforschung in die Zusammenarbeit mit dem Handel ein. Ziel ist es, gemeinsam mit dem Handelspartner individuelle Strategien zur Maximierung der Filialleistung zu erarbeiten. Die kooperative Marktentwicklung vollzieht sich auf der Basis der so genannten Shopper-Studie. Dies sind Marktforschungsdaten, die den Verbraucher nicht nur als Verwender der Produkte der Industrie betrachten, sondern auch als Käufer in den unterschiedlichen Vertriebsschienen. In einer jährlich aktualisierten Untersuchung wird die Position der Filialisten in den einzelnen Warengruppen analysiert.

Die erste Komponente der Shopper-Studie ist das *Nielsen*-Haushalts-Panel. Ergänzt durch demografische Daten, Scannerauswertungen und Marktstudien können beispielsweise Aussagen zu den Bedarfsdeckungsraten der Kunden in den Filialen des Handelspartners und der Deckung des Restbedarfs bei der Konkurrenz gemacht werden.

Dies ermöglicht eine Identifikation der relevanten Wettbewerber in einer Warengruppe. Häufig zeigt sich, dass nicht ein Systemwettbewerber (also ein Wettbewerber des gleichen Betriebstyps), sondern ein Discounter der Hauptwettbewerber eines Verbrauchermarktes in einer bestimmten Warengruppe ist.

Die zweite Komponente des kooperativen Marktforschungsansatzes analysiert das Image der deutschen Vertriebsschienen und gibt Auskunft über die Kaufmotivation der Konsumenten. Die Basis der Analyse bilden die Antworten von 10000 Verbraucherfragebögen. Damit gelingt es Procter & Gamble, konkrete Daten zu den Einstellungen und Bewertungen der Käufer zum deutschen Handel zu gewinnen. Die zentralen Fragen sind hierbei: »Welche Erwartungen hat der Kunde an eine Vertriebsschiene?«, »Wie gut erfüllt die Vertriebsschiene bestimmte Kriterien (generell/warengruppenbezogen)« oder »Wie wird das Leistungsprofil eines bestimmten Vertriebskonzepts im Vergleich zum Wettbewerb bewertet?«. Der Marktforschungsansatz von Procter & Gamble beschränkt sich nicht auf die Ebene der Situationsanalyse, sondern bietet darüber hinaus die Möglichkeit, konkrete Maßnahmen für die kooperative Marktentwicklung zu erarbeiten.

Der Handelspartner profitiert insgesamt von einem besseren Verständnis über seine tatsächliche Wettbewerbsdefinition. Zugleich erhöht er sein Wissen über seine tatsächlichen und potenziellen Kunden.

Kontaktstützende Aufgaben der Marketing-Automation an den Customer Touch Points

Data Warehouses sind nicht darauf beschränkt, nur kundenbezogene Daten bereitzustellen. Sie können darüber hinaus auch Dokumente, Bilddaten oder Audio- und Videosequenzen zur Verfügung stellen. Dies nutzt die Marketing-Automation für die komfortable Bereitstellung von Marketingmaterialien in Form von **Marketing-Enzyklopädie-Systemen** (MES), um damit an den **Customer Touch Points** (CTP) den Kundenkontakt zu unterstützen.

In Form eines multimedialen Wissensarchivs werden alle verfügbaren Informationen über Produkte, Werbematerialien, Marktsituation, Trainingsunterlagen etc. abgelegt und via Inter-, Intra- und Extranet an die entsprechenden Kommunikationskanäle verteilt. Dies ermöglicht sowohl Mitarbeitern als auch, wenn gewünscht, Kunden direkten Zugriff auf die benötigten Informationen. Aufgabe des Marketings ist die Erstellung und regelmäßige Aktualisierung der Marketing-Enzyklopädie, die nicht nur für persönliche Gespräche, sondern auch im Zusammenspiel mit **Customer Response Software** im E-CRM eingesetzt werden kann.

Die Bereitstellung eines einheitlichen Informationspools hilft, Situationen im Kontakt zu vermeiden, in denen Kunden aufgrund vorangegangener Kampagnen besser informiert sind als die Mitarbeiter. Der entscheidende Vorteil eines MES liegt vor allem in der Bereitstellung der richtigen Information zur richtigen Zeit in ausreichender Quantität und Qualität am CTP.

3.2.2 Sales-Automation

Im Segment der FMCG verhindert in vielen Bereichen eine Fülle von Problemen (Kosten, Logistik, Administration etc.) einen wirtschaftlich sinnvollen Absatz der Produkte direkt an den Endkunden. Die Zusammenarbeit mit Absatzmittlern erscheint in vielen Fällen unumgänglich, was den Einsatz einer endkundengerichteten Sales-Automation damit ebenfalls in Frage stellt. Sie bleibt aber dennoch für Konsumgüterhersteller interessant, wenn die Produkte direkt via Internet an die Endkunden abgesetzt werden können (vgl. Kapitel 3.4., CRM im Distributionsmix

– Direktverkauf via Internet). Im Folgenden werden die Merkmale der Sales-Automation näher beschrieben, von denen sicherlich die analytischen und kontaktunterstützenden im Vergleich zu den administrativen Aufgaben für den FMCG-Bereich interessanter sein dürften.

Administrative Vertriebsunterstützung der Sales-Automation

Der Vertriebsbereich eines Unternehmens kann sich die Sales-Automation für administrative Aufgaben zunutze machen, so z.B. bei Außendienstmitarbeitern für Termin-/Routenplanung, Spesenabrechnung, Besuchsberichterfassung oder auch im Allgemeinen zur Unterstützung hinsichtlich Zielplanung und Budgetierung, Verkaufsübersichten, geografischer Informationssysteme oder Kundendatenverwaltung.

Damit dürfte die administrative Vertriebsunterstützung der Sales-Automation für die meisten FMCG-Hersteller von relativ geringer Bedeutung sein, da eine derartige endkundengerichtete Vertriebsstruktur dort nicht vorhanden ist. Eventuell können die beschriebenen Merkmale für die Pflege der Beziehungen zu den Absatzmittlern einen Nutzen bringen, wenn hierbei kritische Massen erreicht werden und eine Automation damit sinnvoll wird.

Der Nutzen einer administrativen Vertriebsunterstützung durch den Einsatz von Sales-Automation bleibt damit überwiegend auf direktvertreibende Hersteller von Gebrauchsgütern bzw. auf B-to-B-Bereiche beschränkt.

Analytische Vertriebsunterstützung der Sales-Automation

Unter Berücksichtigung der Möglichkeit eines Direktabsatzes via Internet und den dabei generierten, direkt weiterverarbeitungsfähigen Kundendaten können sich für den Vertrieb mit Hilfe der Sales-Automation verschiedene Ansätze zur Analyse bestehender und potenzieller Kunden ergeben. Mögliche Ansätze können sein:

Opportunity Management: Um Verkaufschancen aktiv nachgehen zu können, liefert das Opportunity Management einen aktuellen Gesamtüberblick über bestehende Verkaufschancen (Betrag, Kaufwahrscheinlichkeit, Kauftermin) pro Kontaktstufe. Dahinter steht eine mehrstufige Erfassung, Pflege und Qualifizierung der Kundenkontakte von der noch anonymen Adresse bis zum abschließenden Kauf.

Sales-Cycle-Analyse: Eine frühzeitige Kundenansprache hinsichtlich der Deckung von Ersatzbedarfen vor der eigenständigen Suche des Kunden nach neuen Angeboten wirkt seiner möglichen Abwanderung zum Wettbewerb entgegen. Mit Hilfe der Sales-Cycle-Analyse werden diese Wiederbeschaffungszeitpunkte registriert.

Lost-Order-Analyse: Um Erkenntnisse über Veränderungen in der Wettbewerbsfähigkeit und Ansatzpunkte für die Änderung der strategischen Vorgehensweise zu gewinnen, werden in der Lost-Order-Analyse jene Angebote, die nicht zu einem Auftrag führen, auf die möglichen Ursachen hin analysiert.

Kontaktunterstützende Aufgaben der Sales-Automation

Wie auch im Falle der analytischen Aufgaben der Sales-Automation unterliegen die kontaktunterstützenden Aufgaben im Konsumgüterbereich der Prämisse einer Möglichkeit zum Direktvertrieb via Internet. Mit Hilfe von **Interactive Selling Systems (ISS)** versucht die Sales-Automation, kontaktunterstützende Aufgaben zu erfüllen. Dem Kunden soll damit ein individuelles Verkaufserlebnis vermittelt werden. Neben dem Vertriebsaußendienst, der für FMCG von geringer Bedeutung ist, können ISS aber auch in anderen Verkaufskanälen wie dem Internet oder an so genannten Kiosksystemen am Point-of-Sale zum Einsatz kommen.

ISS liefern argumentationsunterstützende Informationen wie z.B. Produktmerkmale und Preise. Für eine einfache Darstellung dieser Informationen beinhalten ISS die auf die wesentlichsten Informationen beschränkten elektronischen Produktkataloge in Form von Datenbanken (auf CD-ROM, PC, in Netzwerken) ergänzt durch Selektions- und Beratungsfunktionen. Die Marketing-Enzyklopädie liefert mit ihren multimedialen Produktpräsentationen dem Verkäufer und Kunden ein breiteres Spektrum an Hintergrundinformationen.

Besteht die Möglichkeit, ein Produkt aus mehreren konfigurierbaren Komponenten den individuellen Anforderungen des Kunden zusammenzustellen wie z.B. bei Kosmetika (vgl. Abschnitt 3.5), kommt des Weiteren ein Produktkonfigurator zum Einsatz. Dieser kann auch automatische Kompatibilitätsprüfungen durchführen und den der Produktkonfiguration entsprechenden Angebotspreis berechnen. Dabei lassen sich auch aktuelle Sonderpreise und individuelle Konditionen berücksichtigen. Verknüpft mit einem ERP-System ist überdies eine Online-Auftragserfassung möglich. Dadurch können Lieferfähigkeiten und Liefertermine ausgegeben und Aufträge direkt in das Back-Office-System übertragen werden.

3.2.3   Service-Automation

Administrative Aufgaben der Service-Automation

Treten Kunden aus eigener Initiative mit einem Unternehmen in Kontakt, ist für die Bearbeitung zumeist der Serviceinnendienst zuständig. Hier wirkt die Service-Automation vor allem kontaktunterstützend.

Einen Serviceaußendienst, der in dieser Form bei FMCG nicht anzutreffen ist, würde die Service-Automation schwerpunktmäßig in administrativen Aufgaben unterstützen. Viele dieser Aufgabenstellungen, z.B. im Bereich Kontaktmanagement, Angebotserstellung, Spesenverwaltung und Routenplanung, entsprechen dabei denen der Sales-Automation (vgl. Abschnitt 3.2.2).

Analytische Aufgaben der Service-Automation

Entsprechend der Vorgehensweise in Marketing und Vertrieb können auch im Servicebereich aus den bei den zahlreichen Kundenkontakten anfallenden Informationen weiterführende Erkenntnisse abgeleitet werden. Im PKW-Bereich beispielsweise analysiert DaimlerChrysler gemeldete Schadensfälle hinsichtlich ihrer Abhängigkeit von bestimmten Ausstattungskombinationen, der Betriebsdauer etc. Diese Analysen ermöglichen Prognosen über Zeitpunkte eintretender Probleme an bestimmten PKW und die Ergreifung vorbeugender Maßnahmen in Form vorgezogener Inspektionen.

Eine große Bedeutung für analytische Aufgaben der Service-Automation kommt dem **Beschwerdemanagement** zu. Wichtige messbare Kennzahlen sind z.B. Anzahl und Art eingegangener Beschwerden, durchschnittliche Erreichbarkeit, Dauer der Beschwerdebearbeitung, Kundenzufriedenheit mit der Beschwerdebearbeitung, angefallene Kosten. Die Kennzahlen geben Hinweise auf das realisierte Serviceniveau, Optimierungs- und Kostensenkungspotenziale etc. Zur Erschließung solcher Potenziale wird dem Text Mining in nächster Zeit eine erhöhte Bedeutung zukommen. Damit ließen sich eingehende Beschwerden in nicht strukturierter Textform, wie in E-Mails nach Inhalten und Dringlichkeit sortiert, automatisch an die entsprechenden Servicemitarbeiter weiterleiten.

Kontaktunterstützende Aufgaben der Service-Automation

Wird der Servicebereich eines Unternehmens kontaktiert, sollte dem Kunden möglichst zuvorkommend begegnet werden. Vor allem wenn dieser ein Problem mit der Leistung des Unternehmens hat, aber auch wenn nur ein Informationswunsch vorliegt. Eine adäquate Reaktion des Servicemitarbeiters kann trotz einer eventuellen Verärgerung des Kunden auf dessen Bindung zum Unternehmen erhöhen.

Um die Reaktionsfähigkeit des Services im Kontakt sicherzustellen, setzt die Service-Automation im Falle eingehender Beschwerden auf den Einsatz einer systematischen **Beschwerdedatenbank**. Hier werden alle eingehenden Beschwerden erfasst und bearbeitet. Nach der üblichen Vergabe einer Beschwerdenummer werden weiterführende, zur Behandlung des Beschwerdegrunds angebrachte Aktionen festgelegt. Ist eine Problemlösung nicht möglich, wird die Beschwerde automatisch an eine übergeordnete Abteilung weitergeleitet.

Liegt eine technische Frage eines Kunden vor, so kann der Service durch einen **Help Desk** unterstützt werden. Mit Hilfe dieses wissensbasierten Datenbanksystems nimmt der Service die Störungsfälle auf, beantwortet Benutzerfragen bzw. leitet sie bei Nichtbeantwortbarkeit weiter an entsprechende Experten. Mit vorgegebenen Fragen hilft das System, das Problem möglichst detailliert zu beschreiben. Liegt ein bereits bekanntes Problem vor, ermittelt das System unmittelbar Lösungsvorschläge. Handelt es sich bei der Problemstellung um ein bereits bekanntes Problem, so können aus dem System unmittelbar Lösungsvorschläge ermittelt werden.

Während der Sales-Phase können vom Servicemitarbeiter mittels **Order-Tracking** Aussagen über den aktuellen Status der Auftragsbearbeitung getroffen werden. Der Kunde erhält verlässliche Angaben vom Auftragseingang bis zum Versandtermin.

3.3   Kommunikatives CRM

Das kommunikative CRM setzt sowohl auf Instrumente der Offline- als auch der Online-Kommunikation. Die Effizienz dieser Instrumente kann sich bei einem integrierten Einsatz entscheidend erhöhen.

3.3.1   Ausgewählte Instrumente des CRM im Offline-Kommunikationsmix

Der Offline-Kommunikationsmix des CRM greift zurück auf die klassischen Instrumente des Direkt- bzw. Dialogmarketings mit response- bzw. dialoggetriebenen Eigenschaften für Aufbau und Pflege möglichst individueller Kundenbeziehungen.

Direktwerbung im Kontext neuer technischer Möglichkeiten

Die anfangs beschriebenen veränderten Marktgegebenheiten haben zu einer Umorientierung bei der Auswahl der Kommunikationskanäle geführt. Viele Marketingetats wurden deshalb zu Lasten der klassischen Werbemaßnahmen umstrukturiert, um verstärkt auf Direktmarketing-Aktivitäten zu setzen.

Hinsichtlich der angestrebten individualisierten Kundenansprache sind die Möglichkeiten im Database-Publishing aussichtsreich. Mit einem gegenüber klassischen Mailings nur geringfügig erhöhten Verwaltungsaufwand werden Drucksachen automatisch individualisiert und können Zehntausende von verschiedenen Versionen umfassen.

Das Pendant zur klassischen Direktwerbesendung ist im Online-Bereich die E-Mail. Massenhaft, personalisierbar und äußerst preiswert einsetzbar, können die Response-Raten mit gefilterten E-Mails leicht im zweistelligen Bereich liegen. Die Direktwerbung via E-Mail wird im Abschnitt 3.3.2 näher betrachtet.

Coupon-Anzeigen für den Dialogaufbau

Coupon-Anzeigen sind ein Weg, via Response-Element mit dem Kunden in Dialog zu treten. Für Anbieter sind Coupon-Anzeigen und Anzeigenhefte eine günstige Werbeform, die in zielgruppenorientierten Medien zum Tragen kommt. Häufig für Reisen und Familienangebote eingesetzt, bringt dieses Kommunikationsmittel den Vorteil der Mehrfachinformation mit nur einem Coupon mit sich. Gleichzeitig fordert es aber den Kunden, weil er den Coupon aufkleben oder in einen Briefumschlag stecken und frankieren muss.

Coupon-Anzeigen-Magazine wie »Easy Shopping« gestatten eine großflächige Präsentation auf jeweils einer Seite. In den USA sind Coupon-Hefte weit verbreitet. Viele liegen kostenlos aus. Andere sind, gemessen an dem effektiv erzielbaren Kostenvorteil bei Einlösung der enthaltenen Coupons, relativ günstig zu erwerben.

Durch das Ausschneiden der Coupons wird eine erhöhte Qualifizierung erreicht. Gleichzeitig kann dieser Aufwand den Kunden von einer Verwendung abschrecken, was zu einem geringeren Rücklauf führt. Nachteilig ist zudem, dass Anzeigen und Coupons durch das Ausschneiden zerstört werden, wenn der Kunde sich für ein auf deren Rückseite abgebildetes Angebot entscheidet.

Auf dem deutschen Markt der FMCG kommt den Coupons bisher nur eine sehr geringe Bedeutung zu. Aus gesetzlichen Gründen waren die Möglichkeiten des Coupon-Einsatzes stark begrenzt. Zudem hat sich der Handel in Deutschland einer Teilnahme an der Abwicklung verweigert. Aufgrund der veränderten Gesetzgebung hinsichtlich Rabattgesetz respektive Zugabenverordnung gibt es allerdings neue Chancen und Möglichkeiten für den Einsatz von Coupons als CRM-Instrument.

Customer Interaction Center – zentrale Kommunikationsplattform

Gemäß des Strategieansatzes werden im CRM sämtliche Kommunikationskanäle des Unternehmens zum Kunden einbezogen. Dies beinhaltet auch eine einheitliche Organisationsebene für die Synchronisation. Erreicht werden kann dies mit einem so genannten **Customer Interaction Center** (CIC). Hier werden sämtliche Kommunikationskanäle, die heute vielfach noch isoliert voneinander arbeiten, integriert. Herkömmliche Call-Center, die eindeutig nur auf den Telefonkanal fokussiert sind, können als Vorstufe der CICs verstanden werden, die daneben auch noch folgende Kanäle bedienen:

▶ Internetdienste (E-Mail, Webformulare, Webseiten, Chats, Voice-over-IP etc.)

▶ Fax und Post

▶ Mobile Dienste (SMS, WAP etc.)

Der Kunde hat durch die Integration der verschiedenen Kommunikationskanäle einen **Single Point of Entry** in das Unternehmen, das dadurch den Ansatz **One Face to the Customer** unterstützen kann. Unabhängig von der Kanalwahl kann dem Kunden eine verlässliche, schnelle und kompetente Reaktion auf seine Anfrage gewährleistet werden. Bereits heute besteht in vielen Call-Centern eine ausgereifte technische Infrastruktur, die als gute Basis für den Einsatz in einem CRM-System dienen kann.

Die Funktionalitäten eines CICs können entsprechend denen eines Call-Centers nach Out- und Inbound unterschieden werden. **Outbound** betrifft die Kontaktaufnahme mit dem Kunden (z.B. für Telemarketing- bzw. Telesales-Aktivitäten). **Inbound** bezieht sich auf die Bearbeitung von kundeninitiierten Anfragen (z.B. Aufträge, Reklamationen, Problembehebung etc.). Für eine effiziente Bearbeitung mit hoher Reaktionsfähigkeit werden eingehende Anrufe automatisch mit einer Telekommunikationsanlage (TK-Anlage) via **Automatic Call Distribution (ACD)** gleichmäßig zu freien Servicemitarbeitern (Agenten) durchgestellt. In einem Gesamtsystem aus verschiedenen CRM-Anwendungen kommt dem CIC die Rolle eines zentralen Nervensystems zu.

Eine Verbesserung der Anrufverarbeitung und eine Erhöhung der Servicequalität wird durch die Verbindung von Computer und TK-Anlage erreicht. **Computer Telephony Integration (CTI)** ermöglicht die Identifikation eines Anrufers anhand seiner gespeicherten Telefonnummer. Das angeschlossene CRM-System überträgt daraufhin alle für die Anrufbearbeitung relevanten Kundendaten auf den Arbeitsplatz des Agenten (Kontaktdaten, verwendete Produkte, spezielle Hinweise zur Betreuung etc.)

Ein weiterer wichtiger Bestandteil ist die **Interactive Voice Response (IVR)**, die der persönlichen Anrufannahme vorgeschaltet wird. Damit werden standardisierte Anfragen automatisch bearbeitet und ggf. an einen geeigneten Agent weitervermittelt. Die Informationseingabe des Kunden erfolgt dabei entweder verbal oder über die Telefontastatur und wird auf diese Weise qualifiziert. Werden für die Weiterleitung an einen Mitarbeiter dessen Fähigkeiten (z.B. Fremdsprachenkenntnisse) berücksichtigt, liegt ein **Skill Based Routing** vor. Dies steigert die Servicequalität, da der Kunde mit hoher Wahrscheinlichkeit an einen Mitarbeiter geleitet wird, der in der Lage ist, ihn zu verstehen und sein Problem zu lösen. Zur Unterstützung einer zufrieden stellenden Behandlung der Kundenanfragen stehen dem Agenten Gesprächsleitfäden und Einwandkataloge (Scriptings) zur Verfügung.

Fallbeispiel 4: Persil Service-Center

Persil (Henkel) hat für seine Kunden ein Service-Center eingerichtet. Via kostenlosem Verbrauchertelefon, per Post oder via E-Mail-Formular im Internet (vgl. Abbildung 3.3) kann der Kunde im Falle von »Problemen beim Waschen« oder für Wünsche und Anregungen mit dem Unternehmen kommunizieren. Des Weiteren steht eine Faxabfrage zur Verfügung.

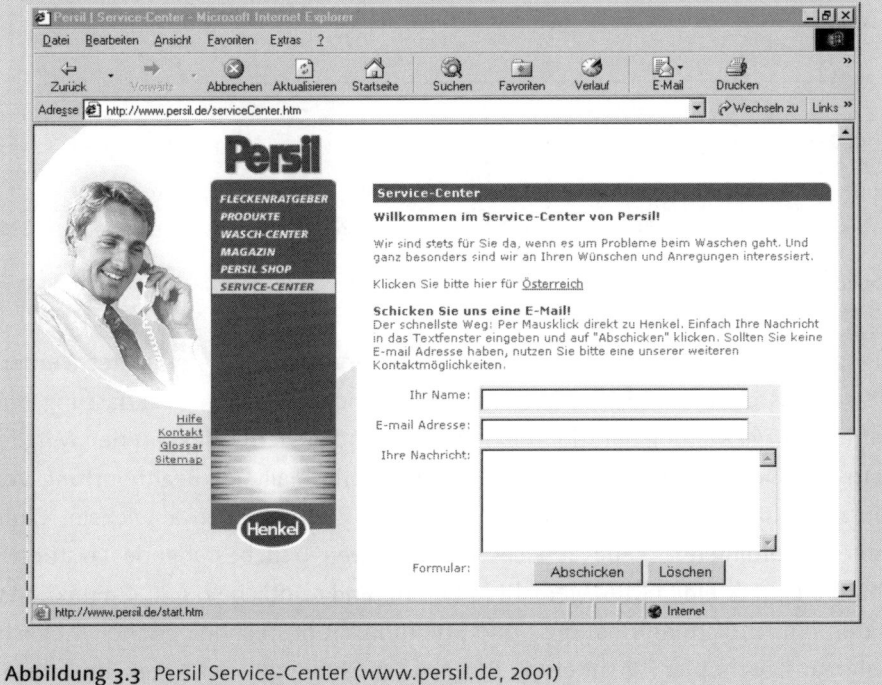

Abbildung 3.3 Persil Service-Center (www.persil.de, 2001)

Für die Kommunikation zwischen CIC und den anderen Unternehmensbereichen kommen **Workflow-Systeme** zum Einsatz. Vom Kunden angestoßene Geschäftsprozesse können darüber automatisiert und kontrolliert abgearbeitet werden, um Absprachen mit dem Kunden genau einhalten zu können. Der Bearbeitungsstatus wird durch einen virtuellen Workflow-Manager kontrolliert und kann kontinuierlich vom CIC-Agenten verfolgt werden (Tracking). Kommt es zu einer Überschreitung der vordefinierten Zeitlimits für die Bearbeitung einer Kundenanfrage, dann wird die Aufgabe im Zuge der sogenannten Eskalation an eine andere Stelle oder zur Benachrichtigung des Call-Center-Agenten automatisch weitergeleitet.

Mit zunehmender Popularität des Internets wird seine Eingliederung als Kommunikationskanal in das CIC im Sinne des **E-CRM** an Bedeutung gewinnen (vgl. Abbildung 3.4). Dies macht eine Anbindung der bestehenden Geschäftsprozesse und der unternehmensinternen Systeme an die verschiedenen Internet-Dienste notwendig.

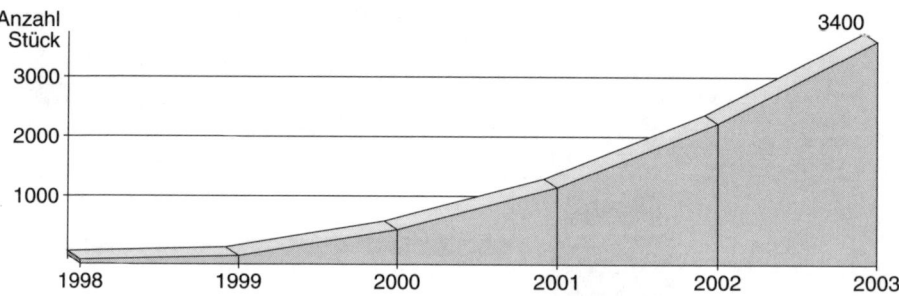

Abbildung 3.4 Entwicklung der Internet-Call-Center in Europa (Cybiz/Datamonitor, 2000, S. 15)

Als spezialisierte Form des CIC können **Club-Service-Center** betrachtet werden. Sie sind als organisatorische Zentrale eines Kundenclubs für die Erfassung und Betreuung/Verwaltung der Clubmitglieder zuständig. Der Dialog mit den Mitgliedern auf allen Kanälen beinhaltet z.B. Begrüßungsmailings, Beantwortung von Anfragen, über Serviceleistungen informieren, Clubleistungen abwickeln, Clubtreffen koordinieren, neue Services recherchieren und bestehende Leistungen optimieren. Für einen CRM-gerechten Einsatz sind sämtliche o.g. CIC-Funktionalitäten hinsichtlich informations- und kommunikationstechnologischer Möglichkeiten auszuschöpfen. Mehr als 90 Prozent der Clubmitglieder treten am liebsten via Telefon mit dem Club in Verbindung. Um einen kundeninitiierten Dialog via Telefon zu fördern, bietet sich die Einrichtung einer kostenfreien oder zum Ortstarif abzurechnenden Telefon-Hotline an.

Services als Kundenbindungsfaktor

Mit Serviceleistungen kann ein Unternehmen versuchen, die Käufer zu seinen Gunsten zu beeinflussen und zu binden. Services wie z.B. verlängerte bzw. besondere Garantieleistungen oder Vor-Ort-Services sind aber nur für Gebrauchsgüter einsetzbar. Im Bereich der FMCG sind Services denkbar wie z.B. der Einsatz eines Servicetelefons oder die Versendung von Produktproben auf Bestellung oder auch ohne Anfrage.

Der Produktprobenversand kann vor allem in Verbindung mit einem Online-Auftritt interessant werden. Gegenüber anonymen, händischen Verteilaktionen können im Netz auf einer markeneigenen Website die Produktproben wesentlich zielgerichteter an die Kunden abgegeben werden. Gleichzeitig bietet sich die Chance, wertvolle Daten über den Kunden zu gewinnen, der zwangsläufig seine Adresse für den Empfang des Produktes angeben muss. Überdies tritt der Kunde dadurch mit dem Anbieter in den angestrebten Dialog ein, der für den Aufbau einer kundenbindenden Beziehung zu nutzen ist. Dem Nutzen stehen allerdings relativ hohe Kosten gegenüber z.B. für die Herstellung der Proben sowie für Verpackung und Logistik.

Serviceleistungen sind für viele Unternehmen zu einem entscheidenden Wettbewerbsfaktor geworden und haben den Charakter eines notwendigen, aber Kosten verursachenden Übels ablegen können. Mit kreativen und innovativen Zusatzleistungen können Unternehmen Profil zeigen und sich erfolgreich vom Wettbewerb abheben. Hinsichtlich eines finanziell dauerhaft tragfähigen und organisatorisch realisierbaren umfangreichen Serviceangebots auch für den Bereich kurzlebiger Konsumgüter gewinnt die Leistungsbündelung im Rahmen eines Kundenclubs an Bedeutung.

Kundenclub – bindende Leistungen, Aufwand, Typen

Mit Kundenclubs lassen sich feste Beziehungen zu den eigenen Kunden aufbauen. Sie können durch attraktive Zusatzleistungen enger an das Unternehmen gebunden werden. Erreicht wird die erhöhte Kundenbindung zum einen durch die mit Hilfe der gebotenen Clubleistungen errichteten ökonomischen Wechselbarrieren. Zum anderen erhöht sich die Bindung durch Schaffung eines emotionalen Mehrwertes, bewirkt durch die Beeinflussung der Faktoren Vertrauen, Einbeziehung sowie Zufriedenheit. Die Mitgliedschaft beeinflusst auch die Kaufbereitschaft. Der durchschnittliche Einkaufsbetrag fällt bei Clubmitgliedern gegenüber Nichtmitgliedern um 15 Prozent höher aus.

Die anzubietenden Clubleistungen sind sowohl den Kundenbedürfnissen als auch den Unternehmens- bzw. Clubzielsetzungen anzupassen. Zu beachten gilt die Nähe der Clubangebote zur Grundleistung des Unternehmens. Nahe Angebote liegen in der Kompetenz des Unternehmens und unterstreichen diese gegenüber dem Kunden. Ferner können grundleistungsnahe Angebote aus Kostengründen Vorteile in der Beschaffung bzw. Erstellung bieten. Hinsichtlich des Bereichs von

Low-Involvement-Produkten, wie den kurzlebigen Konsumgütern, können aber gerade Clubangebote geringerer Grundleistungsnähe zu höheren Erfolgen führen. Die Leistungen sollten in jedem Fall eng mit der Markenwelt des primären Produkt- oder Dienstleistungsangebots des Anbieters verknüpft bzw. abgestimmt sein.

Clubleistungen lassen sich nach aktuellen und konstanten Angeboten unterscheiden. Konstante, erprobte Angebote geben dem Clubmitglied Sicherheit und eine Garantie für eine dauerhafte, ggf. exklusive Zugriffsmöglichkeit, was den Aufbau langfristiger Kundenbeziehungen unterstützt. Aktuelle Leistungen mit Aktionscharakter wirken aktivierend auf die Kundenbeziehung und verleihen der Attraktivität des Clubs laufend neue positive Impulse.

Um die gewünschte Wirkung mit dem Kundenclub und seinen Leistungen und Services zu erreichen, ist es notwendig, das Angebot kontinuierlich auf seine Akzeptanz zu überprüfen und hinsichtlich der Präferenzen und Bedürfnisse der Mitglieder zu optimieren. Diese Aufgabe erfordert hinreichende Analyse- und Bewertungsinstrumente, die in Form eines CRM-Systems zur Verfügung stehen (vgl. Abschnitt 3.1).

Fallbeispiel 5: Maggi Kochstudio-Club und Dr. Oetker Back-Club

Zwei erfolgreiche Beispiele für grundleistungsnahe Kundenclubs im Bereich der Konsumgüter sind der *Maggi* Kochstudio-Club und der *Dr. Oetker* Back-Club. Gegen einen Beitrag von jährlich 24 DM erhält das Clubmitglied exklusive, meist produktbezogene Clubleistungen. Der Maggi Kochstudio-Club bietet seinen ca. 700.000 Mitgliedern z.B. folgende Leistungen:

▶ Rezepte und Tipps

▶ mehrmals jährlich ein Clubmagazin

▶ spezielle Clubaussendungen mit neuen Rezepten

▶ individuelle Beratung am gebührenfreien Clubtelefon

▶ Angebote im exklusiven Club-Shop

▶ Testaktionen

Aufgrund der Problematik, dass immaterielle Zusatzleistungen, wie die Informationen über die Zubereitung von Speisen mit Maggi-Produkten, wegen ihrer Nichtvisualisierbarkeit keinen Aufschluss über Qualität und Nutzenstiftung zulassen, werden sie in Form von Ergebnissurrogaten dargestellt. Maggi wählt dafür die Visualisierung des Leistungserstellungsprozesses in seinen TV-Werbespots, in denen die Zubereitung einer Mahlzeit nach einem Rezept aus dem Maggi Kochstudio-Club mit dem entsprechenden Maggi-Produkt gezeigt wird.

Der seit 1989 bestehende Dr. Oetker Back-Club bietet seinen ca. 100.000 Mitgliedern neben ähnlichen Leistungen wie der Maggi Kochstudio-Club auch Backseminare, vergünstigte Back-Club-Reisen sowie Prämien für das Werben von neuen Mitgliedern bzw. die Möglichkeit, eine Mitgliedschaft zu verschenken.

Da das Backen oder das Kochen von der Zielgruppe oftmals als Hobby betrachtet wird, liegt bei den Mitgliedern eine besonders ausgeprägte Dialogbereitschaft sowie Sympathie für die Produkte vor. Neben Erwachsenen werden auch Kinder direkt angesprochen.

Abbildung 3.5 Kinderbezogene Kommunikation im Dr. Oetker Back-Club (www.oetker.de, 2001)

Der Aufbau einer qualifizierten Database im Sinne des CRM gehört zu den wichtigsten Chancen eines Kundenclubs. Dadurch wird eine gezielte und effektive Ansprache der Kunden ermöglicht. Ein permanenter Dialog fördert den Aufbau und die Pflege einer detaillierten und stets aktuellen Datenbank zur Unterstützung des analytischen, operativen und kommunikativen CRM.

Bei Letzterem führt dies zu einer erhöhten Maßnahmeneffizienz durch Minimierung von Streuverlusten und Steigerung der Response-Quoten. Das analytische CRM kann sich die hohe Auskunftsbereitschaft von Clubmitgliedern, die dem Anbieter und seinen Produkten sehr nahe stehen, für die unternehmensinterne Marktforschung zunutze machen. Der Kundenclub fungiert somit als Trendbarometer hinsichtlich Produktwünschen oder Akzeptanz- und Anwendungsproblemen.

Mit Hilfe der durch den Club geschaffenen Kommunikationsplattform kann das Unternehmen eine vertiefte Kommunikation mit der Zielgruppe eingehen. Die Clubregelkommunikation unterstützt dies durch zusätzliche Kommunikationsanlässe. Hierdurch lässt sich die Beziehung zum Kunden festigen und via Response-Elemente der Dialog zwischen Kunde und Unternehmen fördern. Ein annähernd persönliches Verhältnis kann aufgebaut werden. Zudem entwickeln Clubmitglieder aus der Kommunikation und den angebotenen Clubleistungen ein zusätzlich bindendes Gefühl einer exklusiven Gruppenzugehörigkeit. Unter Einsatz des Internets kann dieses Gefühl noch verstärkt werden, da hier die Bildung einer virtuellen Community möglich ist, die den Kontakt auch zwischen den einzelnen Mitgliedern fördert.

Die Strategie und Qualität des **Clubkonzepts** ist im hohen Maße für den Erfolg eines Kundenclubs verantwortlich. Es gilt dabei, alle essenziellen Bestandteile zu berücksichtigen, wie z.B. Serviceleistungen, Clubkarten, regelmäßige Kommunikation oder die Mitgliederbetreuung durch ein Service-Center. Die klassischen Endverbraucherclubs sind auf Zusatznutzen- und Vorteilsgewährung ausgerichtet. Ziel ist die Bindung und Gewinnung von Stammkunden mit genau auf diese Zielgruppen zugeschnittenen Serviceleistungen sowie durch Verleihung eines VIP-Status. Tabelle 3.1 gewährt einen Überblick über unterschiedliche Konzeptansätze und sich daraus ableitende Kundenclubtypen. Für den Bereich einfacher, kurzlebiger Konsumgüter eignen sich wohl insbesondere der **Product Interest-Club** und der **Lifestyle-Club**. Ein Einsatz der anderen Typen ist je nach Produkt, Strategie und den entsprechenden Clubzielen zu prüfen.

Club	Angestrebtes Marketing-Ziel	Zielgruppen	Leistungen/ Charakteristika
VIP-Club Beispiel: Club Best Hotels of the World Airport-Club Frankfurt	Feste Bindung umsatz-starker Gruppen (Stammkunden, VIPs)	Gute« Stammkun-den (bezüglich der Umsatzhöhe oder Zeitdauer, in der man schon Kunde ist) VIPs aus Gesell-schaft, Politik, Wirtschaft, vielrei-sende Geschäfts-leute	Generelle Exklusivität (ins-besondere auch bei Zusatz-serviceleistungen) Geldwerte ideelle Vorteile für Karten-inhaber
Fan-Club Beispiel: Barbie Fan-Club RTL-Club Radio Hamburg-Club	Stützung/Verbesserung des Markenimages (Markenpflege) Produktvorteile durch Club initiieren	Alle Kunden (»Gute« Stamm-kunden)	Meetings/gemeinsame Ver-anstaltungen für die Fans Einladungen Präsente/Überraschungen Fanclub-Post Günstige (Sonder-)Pro-dukte
Product-Interest-Club Beispiel: Dr. Oetker Back-Club IBM Help-Club	Bindung und Schaf-fung von Heavy Usern/ Stammkunden Abbau von Akzeptanz-schwäche bei erklä-rungsbedürftigen Pro-dukten Zusatznutzen durch Zusatzleistungen	Das gesamte Kun-denpotenzial Nichtkunden	Dialogkommunikation zu produktbezogenen Themen Einrichtung einer Hotline Clubzeitschrift und -Letter Günstige Sonderprodukte Exklusive Vorabinforma-tion über Neuheiten
Kundenvorteils-club Beispiel: IKEA-Family-Club Tengelmann-Club	Effektive Kundenbin-dung/-findung Verbesserter Dialog mit dem Kunden (Kunden-nähe herstellen) Steigerung der Besu-cherhäufigkeit/Kauffre-quenz	Alle Kunden	Liefer-/Bestellservice Prämien Exklusive Angebote für Clubmitglieder T&E-Leistungen
Lifestyle Club Beispiel: Davidoff-Club R6-Club	Bindung und Gewin-nung von Kunden mit genau auf diese Grup-pen zugeschnittenen Serviceleistungen	Kundengruppen mit spezifischem (oft gehobenem, extravagantem, von der Norm abwei-chendem) Lebens-stil	Serviceleistungen Prestige bringende Pro-dukte Exklusive T&E-Leistungen

Tabelle 3.1 Clubtypologien (nach Wiencke, S. 342, 1997)

Den angestrebten Clubzielen wie langfristige Imageverbesserung, erhöhte Kundentreue und steigende Umsätze stehen Kosten und Investitionen gegenüber. Die Kosten eines Kundenclubs setzen sich aus den laufenden Kosten und den Initialkosten zusammen. Letztere belaufen sich je nach Aufwändigkeit des Clubkonzeptes auf etwa 100.000 bis 300.000 DM. Darin sind vor allem die Kosten für Entwicklung von Konzept und Werbemittel, Produktion der Erstausstattung und die Bereitstellung der Basisleistungen des Clubs samt technischer Infrastruktur enthalten.

Den laufenden Kosten können aber auch direkte Einnahmequellen gegenüberstehen, die dem Club nicht nur eine kostenneutrale Arbeit ermöglichen, sondern langfristig den Club zum eigenen Profitcenter werden lassen können, unabhängig von der aufgrund der Kundenbindung angestrebten Erhöhung der Gewinne durch Mehrabsatz, Cross-/Up-Selling usw. (vgl. Abschnitt 2.3). Die häufigste Form einer Einnahmequelle ist der **Mitgliedsbeitrag**, der zum Bezug bestimmter Leistungen berechtigt und darüber die Exklusivität fördert (vgl. Fallbeispiel 5). Der Mitgliedsbeitrag wirkt positiv auf die Bereitschaft zur Nutzung der Serviceangebote, da sich aus Sicht der zahlenden Mitglieder die Beiträge wieder amortisieren sollen. Weitere Erlöse mit teilweise erheblichen Gewinnspannen sind mit **Club-Shop-Produkten** und **Merchandising-Artikeln** zu erzielen. Bietet der Club ein umfangreiches **Clubmagazin** an, so können über einen Anzeigenvertrieb weitere Einnahmen generiert werden.

Kundenclubs sind demnach wie eigenständige Dienstleistungsprodukte zu betrachten, deren Vertrieb ein ebenso professionelles Marketing erfordert wie das Kernangebot des Anbieters selbst. Für die Akquisition von Mitgliedern eignen sich Maßnahmen wie beispielsweise Aktionen am Point-of-Sale, Promotions und Events, PR-Maßnahmen, klassische Werbung und Direktmarketing, Mitglieder-werben-Mitglieder-Programme sowie der Einsatz des Internets (vgl. Abschnitt 3.3.2). Die Maßnahmen zur Mitgliedergewinnung verursachen entsprechend laufende Kosten, die es zu berücksichtigen gilt.

Kunden- und Clubkarten zur Kundenbindung und mit Informationsfunktion

Der Einsatz von Kundenkarten gewinnt aufgrund der neuen Gesetzgebung zunehmend an Bedeutung. Aufgrund des alten Rabattgesetzes und der alten Zugabeverordnung waren Kundenkarten in Deutschland in ihren Möglichkeiten bisher erheblich eingeschränkt. Das wird sich aller Voraussicht nach durch die neue Rechtslage dramatisch verändern können, wenn die Erfolgsbeispiele aus den USA und England auf den deutschen Markt angewendet werden.

Ein erfolgreiches Beispiel für den Einsatz einer Kundenkarte im Handel im deutschen Markt ist die *Douglas-Card*. Das Kartenkonzept ist in die Qualitäts- und Servicestrategie des Anbieters integriert. Hauptmerkmale sind: Kundenkommunikation, Produkt- und Beratungsdienstleistungen, Event-Marketing, Regional-Marketing sowie Incentives. In den ersten drei Jahren der Einführung der Douglas-Karte gelang es dem Handelsunternehmen, 750.000 Kundenkarten auszugeben.

Grob zu unterscheiden sind die beiden Gruppen der reinen Kundenkarten, z.B. ausgestattet mit Rabattfunktionen, sowie der speziellen Kunden-Clubkarten mit konzeptioneller Verknüpfung mit einem Kundenclub. Die Kosten für den Vertrieb von reinen Kundenkarten, die unabhängig von speziellen Kundenclubs angeboten werden, sind nicht unerheblich und denen der Mitgliederwerbung für einen Kundenclub ähnlich. Den Kosten können aber auch spürbar höhere Durchschnittsumsätze der Teilnehmer von Kundenkarten- oder Clubkonzepten im Vergleich mit Nichtteilnehmern gegenüberstehen.

Der Nutzen für den Handel liegt einerseits darin, den Konsumenten mit Sonderleistungen bei Kartenverwendung an das Unternehmen binden zu können. Andererseits können kundenrelevante Informationen für den Aufbau einer qualifizierten Kunden-Database gewonnen werden. Neben soziodemografischen Daten kann auch das Kaufverhalten (Kauffrequenz, Kaufvolumen) festgestellt werden. Es gilt, die Kunden besser kennen zu lernen und zu verstehen. Die gewonnenen Erkenntnisse helfen, die Kunden produktorientiert und zielgerichtet anzusprechen, um dadurch einen engen Dialog zu fördern und zusätzliche Kaufanlässe zu initialisieren. Zu diesem Zweck sind Handelskarten meist mit der Funktion einer Kundenkreditkarte ausgestattet.

Abbildung 3.6 Kundenkarten von Karstadt/Hertie (mit Zahlungsfunktion) und Budnikowsky (nur Punktekonto)

Beispielsweise kann die Kundenkarte von *Karstadt/Hertie* (siehe Abbildung 3.6) wahlweise mit oder ohne Zahlungsfunktion genutzt werden. Auf der Rückseite befindet sich ein Magnetstreifen mit den notwendigen Kunden- bzw. Kontodaten. Dem Kunden werden in jedem Fall beim Einkauf Punkte auf seinem persönlichen Punktekonto gutgeschrieben, die er später gegen Sonderleistungen eintauschen kann. Solche Sonderleistungen schaffen Anreize für den Kunden, einerseits sich zu erkennen zu geben, und andererseits erhöhen sie die Kundenbindung. Die ebenfalls abgebildete Budni-Card der Drogeriemarktkette *Budnikowsky* stellt keine Zahlungsfunktion zur Verfügung. Mit Hilfe des Barcodes kann sich der Kunde aber bei jedem Einkauf Punkte auf seinem Kundenkartenkonto gutschreiben lassen. Ab einem bestimmten Schwellenwert auf dem persönlichen Punktekonto bekommt der Kunde automatisch einen Wertscheck zugesendet, den er sich bar auszahlen oder mit einem folgenden Einkauf verrechnen lassen kann. Zudem erhält der Kunde mit der Karte Zusatzleistungen oder Ermäßigungen bei Budnikowsky-Kooperationspartnern.

Die kundenbindende und verkaufsfördernde Wirkung von Kundenkarten wird nicht nur von den Handelsunternehmen genutzt. Als Konsumgüterhersteller setzt beispielsweise *Coca Cola* in Holland im Rahmen eines Sammelprogramms eine Kundenkarte ein. Diese wird zwar alleine aus logistischen Gründen nicht mit einer Zahlungs- bzw. Erfassungsfunktion ausgestattet, aber *Coca Cola* generiert für sein CRM mit der Kundenkarte wertvolle Daten über die Antragsformulare sowie die Prämieneinlösung.

Führt ein Unternehmen einen Kundenclub und gibt mit diesem konzeptionell verknüpfte Clubkarten aus, so haben diese grundsätzlich eine Legitimations- bzw. Ausweisfunktion und sollen die Clubmitgliedschaft belegen.

Des Weiteren kann eine Clubkarte z.B. auch bei der Kontaktaufnahme via CIC oder für den Informationszugriff via Internet von Nutzen sein. Gerade im Zusammenhang mit einer Club-Community im Internet kann eine Karte sinnvoll eingesetzt werden, indem auf der Karte die notwendigen Zugangsdaten wie Internetadresse (URL) und Zugangsname eingetragen werden. Der Verwender hat auf diese Weise stets alle wichtigen Daten zur Hand und braucht sich lediglich noch sein Zugangspasswort zu merken, da dieses aus Sicherheitsgründen nicht eingetragen sein sollte. Im Dienstleistungsbereich setzt z.B. die *Comdirect Bank* für das Homebanking via Internet auf eine solche Karte, deren Daten auch für den Zugriff auf die Telefon-Hotlines einzusetzen sind.

Weiterhin fungiert die Clubkarte wie auch die Kundenkarte als Werbeträger, der die emotionale Bindung an den Club bzw. das Unternehmen steigern und dem Emittenten die Aufmerksamkeit des Kunden sichern soll. Die Einführung eines Kundenkartensystems kann insgesamt grundlegende Voraussetzungen für ein datenbankgestütztes Dialogmarketing schaffen, wodurch eine optimale Maßnahmenplanung und -steuerung im operativen Kundenbindungsmanagement gewährleistet werden kann.

Kundenzeitschriften und Nachrichtendienste als Dialoginstrumente

Ein direkter Dialog via Kundenmagazin ist relativ teuer und zudem auch arbeitsaufwändig. Dennoch greifen Unternehmen zunehmend auf dieses Instrument zurück. Beispielsweise vertreibt der japanische Kosmetikhersteller *Shiseido* seine gleichnamige Kundenzeitschrift mit einer Auflagenstärke von etwa 120.000 Exemplaren über nahezu alle großen deutschen Parfümerieketten. Zudem bietet der Dialog mit den Kunden eine hervorragende Grundlage für eine differenzierte Datensammlung. Insbesondere sind in Verbindung mit **Point-of-Sale-Magazinen** Wettbewerbe und Telefon-Hotlines für die Datensammlung geeignet. Auf diese Weise können die herausgebenden Unternehmen ihre Kunden eindeutig identifizieren.

Eine wichtige Voraussetzung für erfolgreiche Kundenzeitschriften ist eine sorgfältig abgestimmte Struktur journalistisch aufbereiteter, ansprechender Themen, die das Informations- und Interessensbedürfnis der Zielgruppe treffen und gleichzeitig nicht die Identität des Herausgebers verlieren.

Einige Unternehmen nutzen zur Unterstützung des Kundendialogs in ihren Kundenzeitschriften auch den Verweis auf die firmeneigene Homepage und fördern damit das Zusammenspiel von Off- und Online-Medien. Ein interessantes Beispiel für ein integratives Konzept liefert *Schwarzkopf & Henkel Cosmetics* mit seiner Kundenzeitschrift *Women's Net*. Die zugehörige Website greift regelmäßig Inhalte aus dem Heft auf. Der Leser hat die Möglichkeit, direkt seine Meinung via E-Mail dazu abzugeben. Gleichzeitig wird dem Leser des Printprodukts Hilfestellung zum komplizierten Umgang mit dem Netz gegeben. Ziel des *Women's Net*-Projekts ist es, eine Community für Frauen aufzubauen, die sich sowohl mit dem Unternehmen als auch untereinander in regem Kontakt austauschen. Jederzeit soll es ihnen möglich sein, sich mit Anregungen und in Produktfragen an »ihre« Firma *Schwarzkopf & Henkel* wenden zu können.

Wie im vorhergehenden Abschnitt beschrieben, setzen Kundenclubs ebenfalls auf Kundenzeitschriften als Medium, um an die Mitglieder gerichtete Informationen zu transportieren. Diese Clubmagazine werden meistens mehrmals jährlich versendet und sollen zur Inanspruchnahme einzelner Services und zu Reaktionen animieren. Dafür werden ebenfalls verschiedene Dialoganstöße integriert wie z.B. Mitgliederbefragungen, Gewinnspiele oder Bestellangebote. Über die Clubmagazine hinaus setzen Kundenclubs häufig zusätzlich auf Mailings – oft in Verbindung mit Response-Mitteln wie Antwort- und Bestellkarten – oder auf Newsletter via E-Mail, damit die Mitglieder sich kontinuierlich betreut fühlen. Eine Kontaktfrequenz von höchstens acht Wochen ist erforderlich, damit die Maßnahmen nicht als Einzelaktionen, sondern als Kontinuum empfunden werden. Wichtig ist stets die personalisierte Ansprache der Kunden, wenn ein persönlicher Dialog entstehen und vertieft werden soll.

Beschwerdemanagement – Aufgaben und Nutzen

Die Kundenzufriedenheit gilt als wichtiges Ergebnis des CRM (vgl. Abschnitt 2.3). Ziel ist es letztlich, die Kunden mit sämtlichen Leistungen – seien es Produkte oder Services – zufrieden zu stellen. Entsprechend hohe Aufmerksamkeit ist unzufriedenen Kunden beizumessen, die aktiv in den Dialog mit dem Unternehmen treten und ihre Unzufriedenheit über Leistungen in Form von Beschwerden zum Ausdruck bringen.

Niedrige Beschwerderaten müssen dabei keineswegs ein Indikator für gute Leistungen sein. Kundenorientierung erfordert zunächst überhaupt Kenntnis von Beschwerden nehmen zu *wollen*. Zum einen gibt es Reklamationen, die juristisch auf Basis von Gewährleistungsrechten (gesetzlich) oder Garantiepflichten (vertraglich) durchsetzbare Forderungen des Kunden in der Nachkaufphase darstellen. Zum anderen gibt es Beschwerden, die zwar nicht juristisch durchsetzbar sind, die aber die emotionale Anbieter-Nachfrager-Beziehung tangieren, die für die Marktbeziehung als besonders bedeutend angesehen werden können.

Um Beschwerden als Chance für den zukünftigen Markterfolg zu nutzen, bedarf es eines systematischen und planvollen Umgangs mit den produkt- und serviceorientierten Unzufriedenheitsäußerungen der Kunden. Dieser Aufgabe nimmt sich das **Beschwerdemanagement** an. Prozessorientiert betrachtet kann es in die drei Phasen Beschwerdestimulierung, Beschwerdeannahme und Beschwerdebearbeitung/-reaktion gegliedert werden (vgl.Abbildung 3.8).

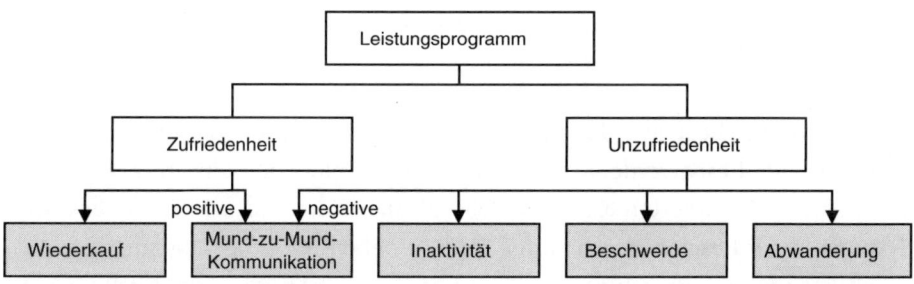

Abbildung 3.7 Reaktionsformen von Kunden auf Zufriedenheit und Unzufriedenheit (Bruhn, 1999, S. 177)

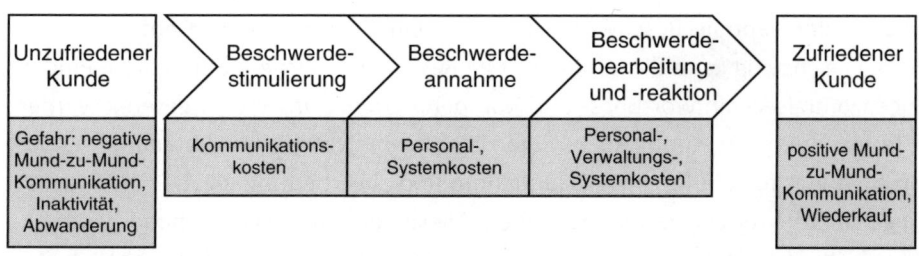

Abbildung 3.8 Aufgaben des Beschwerdemanagements (nach Bruhn, 1999, S. 180/195; Stauss/ Seidel, 1998, S. 66)

Die **Beschwerdestimulierung** versucht mittels planvoller und zielgerichteter Aktivitäten den unzufriedenen Kunden zur Beschwerdeäußerung zu animieren und damit negativer Mund-zu-Mund-Kommunikation, Inaktivität oder Abwanderung des Kunden entgegenzuwirken. Der Anteil von Nichtbeschwerdeführern lässt sich kaum ermitteln. Bei der *Volkswagen AG* beispielsweise geht man von Richtwerten aus, nach denen nur einer von 26 unzufriedenen Kunden eine Beschwerde äußert. Demgegenüber werden die negativen Erfahrungen durchschnittlich aber an neun bis zehn weitere Personen weitergegeben. Wiederum wird eine zur Zufriedenheit bearbeitete Beschwerde fünf weiteren Personen mitgeteilt.

Für eine erfolgreiche Beschwerdestimulierung bedarf es neben einer entsprechenden Aufforderung einer einfachen, unkomplizierten Beschwerdeführung, was vor allem die Bereitstellung leicht zu nutzender Beschwerdekanäle betrifft. Gerade im Bereich der kurzlebigen Konsumgüter kann davon ausgegangen werden, dass der Beschwerdewert als Differenz zwischen Beschwerdenutzen und -kosten aufgrund des häufig relativ niedrigen Produktwertes den unzufriedenen Kunden von einer Beschwerdeäußerung abhält. Zur Überwindung dieser Barriere bietet sich der Einsatz eines CICs durch die gezielte Bereitstellung und Integration unterschiedlicher Beschwerdekanäle an.

In der Phase der **Beschwerdeannahme**, die der systematischen und vollständigen Erfassung der Beschwerdeinformationen dient, sollte der Einsatz eines in ein CRM-System integrierten CIC ebenfalls effizienzsteigernd wirken. IT-gestützte Systeme in der Beschwerdeannahme fördern neben der Erfassung auch die Weiterleitung sowie Auswertung der Beschwerdeinformationen, wodurch sich die Bearbeitungszeiten deutlich verringern lassen. Dies gilt vor allem bezüglich der im Konsumgüterbereich relativ hohen Kundenanzahl und der davon ableitbaren beschwerdeführenden Anzahl. Die daraus resultierende Menge an Kontakten macht eine zentrale Beschwerdeabteilung, ein **Customer Care Center** erforderlich. Gleichzeitig kann die kundenseitige Beschwerdebarriere durch diese eindeutige, zentrale Verantwortungs- und Kompetenzzuweisung weiter gesenkt werden. Ein unzufriedener Kunde sucht einen hauptverantwortlichen Abteilungsbereich, in dem ihm für die Beschwerdeannahme und -bearbeitung eigens dafür zuständige Mitarbeiter zur Verfügung stehen. Diese können – entsprechend geschult – durch ihr Verhalten entscheidend zur späteren Beschwerdezufriedenheit beitragen, die oftmals schon in dieser Phase entschieden wird.

Weiter beeinflusst wird der Grad der Beschwerdezufriedenheit vom Erfolg der Beschwerdebearbeitung und -reaktion. Es gilt die Ursache der Beschwerden in einer angemessenen Reaktionszeit zu beheben, um dadurch die Zufriedenheit wieder herzustellen. Dies erfordert eine Ursachenanalyse, ggf. die Weiterleitung an andere Kompetenzbereiche, die Steuerung und Kontrolle der Bearbeitung sowie die eigentliche Reaktion gegenüber dem Kunden.

Um eine relativ kurze Reaktionszeit zu erreichen, bieten sich standardisierte Reaktionsmuster an. Diese sind möglich, wenn Beschwerden regelmäßig anfallen und auf eindeutig bestimmbaren Problemursachen basieren. Für den Bereich der kurzlebigen Konsumgüter dürfte dies vermutlich aufgrund der wenig komplexen Produkteigenschaften zutreffen. Zudem ist anzunehmen, dass standardisierte Reaktionsmuster wegen der bereits oben erwähnten zu bewältigenden Menge an Kontakten auch notwendig sind. Um dem Kunden aber dennoch ein hohes Maß an Individualität im Dialog entgegenbringen zu können und den internen Bearbeitungsprozess zu unterstützen, dürfte sich der Einsatz von CRM-Systemen sowie CICs als Kommunikationsplattform lohnen und sich insgesamt positiv auf die Nutzen des Beschwerdemanagements (vgl. Abbildung 3.9) auswirken.

Die positive Beeinflussung der Einstellung des Kunden, der von ihm geführten Mund-zu-Mund-Kommunikation sowie seiner Markentreue und Wiederkäufe kann als kundenbezogener Nutzen summiert werden. Dieser lässt sich entsprechend untergliedern in den Einstellungs-, Kommunikations- und Kundenbindungsnutzen.

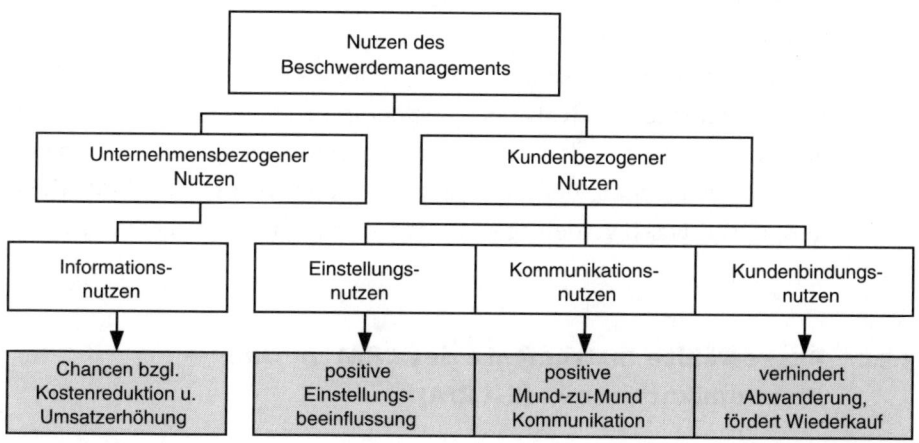

Abbildung 3.9 Nutzenkategorien des Beschwerdemanagements (nach Bruhn, 1999; Hoffmann, 1991)

Neben diesen Nutzen erzeugt das während der Beschwerdeführung generierte Kundenwissen einen unternehmensbezogenen Vorteil in Form eines Informationsnutzens. Die Kunden können als Kompetenzquelle für systematische Produkt- und Dienstleistungsanalysen dienen. Im Sinne eines strategischen Frühwarnsystems kann das Beschwerdemanagement Erkenntnisse über betriebliche, marktbezogene sowie prozessbezogene Leistungsdefizite liefern und darüber zur Optimierung der Unternehmensprozesse und Leistungen beitragen. Beispielsweise können sich Hinweise zur Reduktion von Fehlerkosten oder zur Ausschöpfung von Kostensenkungspotenzialen ergeben. Umsatzsteigernd kann sich z.B. eine durch den Informationsnutzen geförderte Schaffung von Innovationen auswirken.

Fallbeispiel 6: Erfolgsbeispiele des Beschwerdemanagements bei Henkel

»Im Call-Center des *Henkel*-Konzerns gehen jährlich ca. 80.000 Anrufe von Konsumenten ein. Henkel erfuhr zum Beispiel von Distributionslücken auf der Schwäbischen Alb, da 40 Anrufe die Listung eines neuen Kalklösers in einem Supermarkt forderten. Ferner wurde aufgrund des Servicetelefons festgestellt, dass Drei-Kilo-Pakete eines Waschmittels aufgrund zu kleiner Tragegriffe nur schwer zu transportieren waren.« (Bruhn, 1999)

Insgesamt betrachtet handelt es sich beim Beschwerdemanagement um einen aktiven Prozess des Unternehmens zur zielgerichteten Gestaltung der Kundenbeziehung sowie Erhöhung der Kundenzufriedenheit und -bindung. Damit spielt das Beschwerdemanagement vor dem Hintergrund des CRM eine wichtige Rolle. Es kann von einer dringenden Notwendigkeit der Integration des Beschwerdemanagements als Instrument in den CRM-Prozess gesprochen werden. Ein Chance geht dabei von dem Einsatz der so genannten neuen Medien wie E-Mail und Internet aus, die als Beschwerdeweg in nahezu allen Branchen eingesetzt werden können.

3.3.2 Ausgewählte Instrumente des CRM im Online-Kommunikationsmix (E-CRM)

Die Chancen für Konsumgüterhersteller, mit starken Marken das Internet erfolgreich als CRM-Instrumentarium einsetzen zu können, sind vielversprechend: Markennamen wirken im Internet als vertrauensbildender Faktor positiv auf die Konsumenten, die einer Flut unbekannter Webseiten gegenüberstehen. Die Nutzung der Dialogfähigkeit des Mediums Internet zur Intensivierung der Kundenbeziehung im Sinne des Relationship-Marketings ermöglicht eine Festigung der Markenpräferenzen. Die nachfolgende Auswahl der im Sinne des CRM einsetzbaren

Online-Instrumente wird von weiteren Beispielen und Case-Studies begleitet, die Einblicke in ihre praktische Anwendungsmöglichkeiten in der Konsumgüterindustrie geben.

One-to-One-Kommunikation via Customer Response Software

Die Dialogfähigkeit des Mediums Internet unterliegt den im Massenmarkt typischen wirtschaftlichen Grenzen kritischer Mengen, wenn die Kommunikation tatsächlich von Mensch zu Mensch stattfinden soll. Erst eine Automatisierung ermöglicht die Kommunikation zwischen einem Unternehmen und einer großen Anzahl von Kunden zu vergleichsweise geringen Kosten. Das Medium Internet ist aufgrund seiner informationstechnologischen Basis für eine solche Automatisierung besonders prädestiniert. Durch den Einsatz einer **Customer Response Software** ist es möglich, dem Kunden einen persönlichen (und auch befriedigenden) Dialog mit dem Unternehmen anzubieten bzw. zu suggerieren. Zudem können diese Systeme aufgrund ihrer Automatisierung gezielte Marktforschungsinformationen über die Kunden liefern.

Die Customer Response Software stellt die Grundlage so genannter Agenten, Avatare bzw. Lingubots dar. Diese virtuellen »Berater« mehr oder weniger komplexer grafischer Gestaltung können dem Kunden auf der Website eines Unternehmens als »persönlicher« Ansprechpartner zur Seite stehen. Die Antworten dieser Software auf die Fragen des Kunden sind dabei wesentlich intelligenter, als es eine einfache Frequently-Asked-Questions-Liste (FAQ) sein kann. In einer solchen Liste muss sich der Kunde auf seine Fragen mehr oder weniger passende Antworten selbst zusammensuchen. Findet er nichts, müsste er die Initiative ergreifen und mit dem Unternehmen in Kontakt treten, um sein Anliegen zu klären. Ein Avatar wäre bei entsprechender Programmierung in der Lage, entweder die Frage ad hoc spezifisch und korrekt zu beantworten oder den Kunden seinem Fragenkomplex entsprechend durch die Inhalte der Website zu führen. Möglich ist auch eine automatische Weiterleitung der Frage in Abstimmung mit dem Kunden an einen passenden Ansprechpartner.

Ein Avatar kann als virtueller Kundenberater Dialoge mit einem mehr oder weniger stark ausgeprägten »Human Touch« führen. Er kann im Dialog Produkte erklären, beim Einkauf helfen, technische Probleme lösen oder einfach nur Small Talk halten. Diese Funktionalität der Customer Response Software basiert auf vordefinierten semantischen und syntaktischen Mustern. Mit ihrer Hilfe werden bestimmte Schlüsselbegriffe aus dem eingegebenen Text erkannt, herausgefiltert und mit zuvor definierten Antworten verknüpft. Die Präzision des Dialogs steht dabei in Abhängigkeit von Umfang und Komplexität der zuvor definierten Sprachmuster. Zudem kann die Verknüpfung der Customer Response Software mit einer unternehmenseigenen Wissensdatenbank die Dialogqualität weiter steigern.

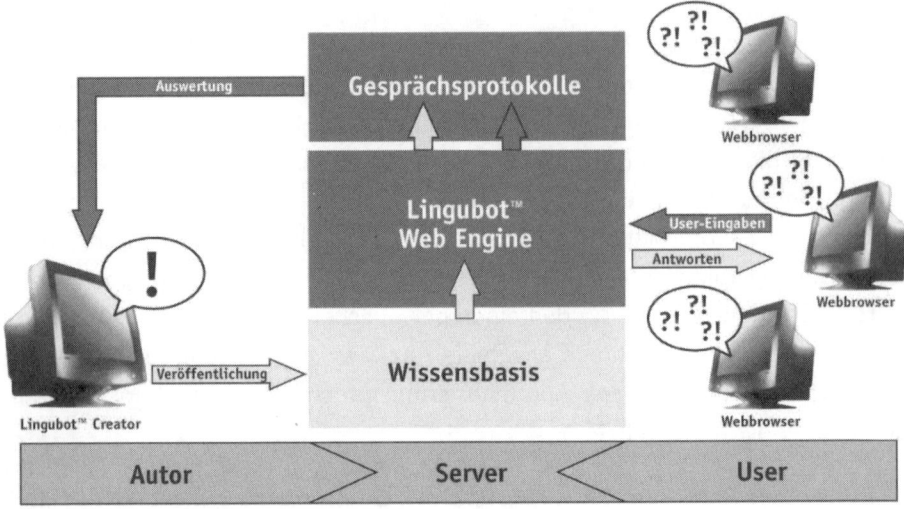

Abbildung 3.10 Wissensbasis von Customer Response Software (Kiwilogic.com AG, 2001)

Fallbeispiel 7 : Leo, der virtuelle Barkeeper von Schweppes

Für eine korrekte und befriedigende Fragenbeantwortung bzw. Dialogführung erklärungsbedürftiger Produkte bzw. Dienstleistungen benötigt ein Avatar eine entsprechend große Wissensdatenbank. Da es im Bereich der FMCG im Zweifel aber auch »nur« um die Ausgestaltung einer der Markenwelt entsprechenden Atmosphäre gehen kann, sind hier evtl. gerade die Small-Talk-Fähigkeiten eines Avatars gefragt. Ein gutes Beispiel hierfür stellt der Avatar Leo dar, der auf der Website der *Schweppes GmbH* als Barkeeper »arbeitet«. Ausgerichtet vor allem auf die Verteilung von Cocktailrezepten und auf kurzweilige Unterhaltung, hat sein Einsatz zu gesteigerten Zugriffszahlen geführt und vor allem auch zu einer starken Erhöhung der Verweildauer der User auf der Schweppes-Website beigetragen.

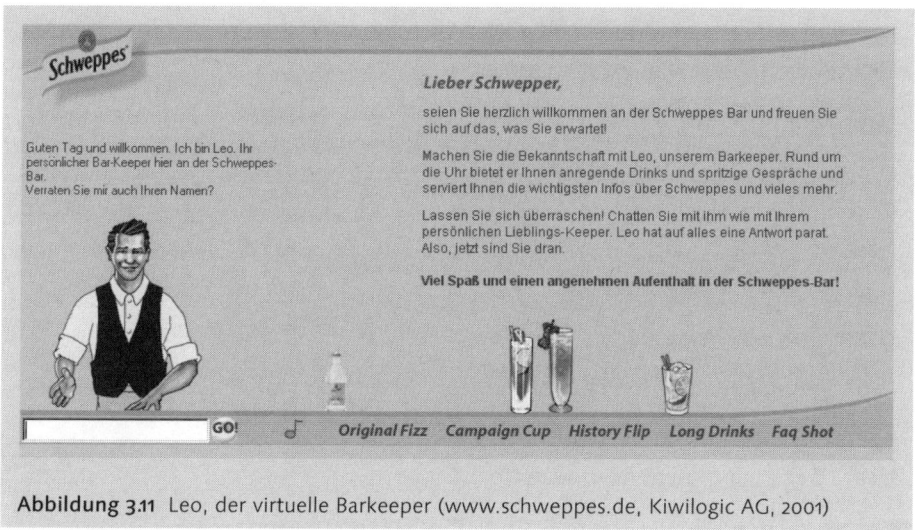

Abbildung 3.11 Leo, der virtuelle Barkeeper (www.schweppes.de, Kiwilogic AG, 2001)

Das Bedürfnis der User nach Small Talk konnte durch die Auswertung von mehreren hunderttausend Dialogprotokollen bestätigt werden. Viele Kunden lassen sich gern auf »persönliche« Gespräche mit Avataren ein – selbst dann, wenn der Kunde eigentlich eine reine Fachfrage stellen wollte. Avatare müssen immer wieder Fragen beantworten wie z.B. »Wie alt bist Du?« oder »Hast Du Hobbys?« und werden nicht selten sogar beleidigt. Reagiert der Avatar daraufhin leicht verstimmt, wirkt die Illusion einer »echten Persönlichkeit« noch überzeugender, die Akzeptanz des Systems steigt erheblich – eine Beziehung kann aufgebaut werden.

Das folgende Gesprächsprotokoll zeigt einen Ausschnitt aus einer Unterhaltung zwischen einem Kunden und dem bereits oben vorgestellten Avatar Leo der *Schweppes*-Website. Im Anhang befindet sich ein ausführliches Gesprächsprotokoll, das den inhaltlichen und emotionalen Aspekt der Technologie illustriert und die Chancen des Einsatzes dieser Systeme aufzeigt.

Die Automatisierung der im Dialog geführten Kommunikation durch den Einsatz einer Customer Response Software bietet die Möglichkeit, zu vergleichsweise geringen Kosten eine relativ große Anzahl Kontakte zu bearbeiten. Bereits in Kombination mit einem bestehenden Call-Center bzw. CIC kann sich der Einsatz von Avataren kostensenkend auswirken. Den Erfahrungen nach können durch den Einsatz solcher automatischen Antwortsysteme ca. 80 Prozent der häufig in Call-Centern gestellten Fragen aufgefangen werden. Bei Störungen im Dialog mit dem Agenten kann dennoch ein CIC-Mitarbeiter via Live-Chat helfend einspringen.

Leo: Guten Tag, mein Name ist Leo, und ich bin Ihr Privat-Keeper. Jetzt dürfen Sie mir auch Ihren Namen verraten.

User: Quatschkopf1

Leo: Mit dem Namen »Quatschkopf1« sind Sie aber wirklich geschlagen. Damit bekommt man doch nirgends eine Wohnung. Höchstens eine Webadresse. So was wie: www.Quatschkopf1.com. Kommen Sie, sagen Sie einfach einen Namen, den Sie lieber hätten.

User: O.K., ich heiße Eddy.

Leo: Sehr angenehm. Ich kannte mal einen Eddy de Nobilé. Ein sehr extravaganter Typ. Tragen Sie auch gerne gelbe Krawatten?

User: Nein, ich bin eher für dezentere Dinge.

Leo: Nun Eddy, ich habe hier die Ehre, Ihre Fragen zu allen Schweppes-Themen zu beantworten und Sie dabei mit Drink-Vorschlägen zu versorgen.

User: Ja gerne.

Leo: Da hätte ich einen wirklichen Drink-Klassiker für Sie, einen: Southern Ginger?

User: Und woraus besteht der?

Leo: Ich verrate Ihnen mal die Zutaten: 4 cl Southern Comfort, 2 cl Zitronensaft, 10 cl Schweppes American Ginger Ale und Eiswürfel. Möchten Sie einen?

User: Hört sich direkt gut an.

Leo: Sehr gerne. Zuerst werfen wir Eiswürfel in ein großes Longdrinkglas. Dann geben wir 4 cl Southern Comfort hinzu und füllen nach Geschmack mit Schweppes American Ginger Ale auf. Yippie, so leben sie am Mississippi.

Untersuchungen des britischen Software-Herstellers *Epicall Ltd.* zufolge belaufen sich die durchschnittlichen Kosten für einen Anruf in einem Call-Center auf 5-6 Euro (wobei andere Untersuchungen von teilweise deutlich höheren Zahlen von bis zu 30 Euro ausgehen). Unter der Annahme, dass jeder fünfte Besucher einer Website eine Frage hat, die via Customer Response Software befriedigend beantwortet werden kann, ergibt sich nach Abzug der Kosten für Technik und Übertragung eine durchschnittliche Einsparung von einem Euro pro Besucher. Bei 100.000 Besuchern im Monat beträgt die Kosteneinsparung demnach also etwa 100.000 Euro. Dies stellt ein großes Potenzial zur Kostensenkung bei gleichzeitiger Aufrechterhaltung eines hohen Grads an individueller Kommunikation dar.

Zudem kann der Einsatz von Customer Response Software zur Erhöhung der Kundenzufriedenheit und Kundenbindung und letztlich, wie damit beabsichtigt, zu steigenden Umsätzen beitragen.

Permission-Marketing – Selbstbestimmung des Kunden

Signalisiert ein Kunde aktiv seine Erlaubnis für einen Dialog zwischen ihm und dem Unternehmen, wird von **Permission-Marketing** gesprochen. Der Kunde erwartet nach gegebener Erlaubnis eine Kommunikation und freut sich im Idealfall sogar darauf. Der Kunde kann selbstbestimmt agieren.

Im Internet ist die Selbstbestimmung bei der Informationsbeschaffung aufgrund der Eigenart der interaktiven Möglichkeiten bereits gegeben. Der Nutzer wählt autonom die ihn interessierenden Informationen oder kann einen Kontakt gar abbrechen, wenn er will.

Die Möglichkeit mit der Kommunikation via E-Mail ohne nennenswerte Übertragungsgebühren elektronische Botschaften über das weltweite Datennetzwerk Internet in Sekundenschnelle in alle Winkel dieser Erde versenden zu können, ist alleine aus Kostengesichtspunkten sehr interessant. Kundenanfragen via E-Mail stellen zu können, ist heute der mit Abstand am häufigsten eingesetzte Online-Service von Unternehmen (Abbildung 3.12).

Der besondere Nutzen der E-Mail-Kommunikation für CRM liegt in der beliebigen Individualisierbarkeit und Automatisierbarkeit dieser Nachrichten. Es lassen sich Response-Elemente in Form von Verweisen (Hyperlinks, kurz: Links) einfügen, die dem Empfänger einen direkten Zugriff auf das verknüpfte Angebot ermöglichen. Neben den hohen Response-Raten ist die exakte Messmöglichkeit des Marketingerfolges ein wichtiges Merkmal.

Aufgrund der Individualisierbarkeit und Automatisierbarkeit lassen sich problemlos einzelne Komponenten einer Nachricht gezielt nur an bestimmte Kundengruppen versenden. Das Marketing-Controlling kann genau messen, wer wann worauf reagiert hat. Via Computer werden präzise alle Aktionen erfasst und in einer entsprechenden Auswertung dargestellt. Bei Direktwerbesendungen würde bei gleichen Ansprüchen der Aufwand wesentlich höher liegen.

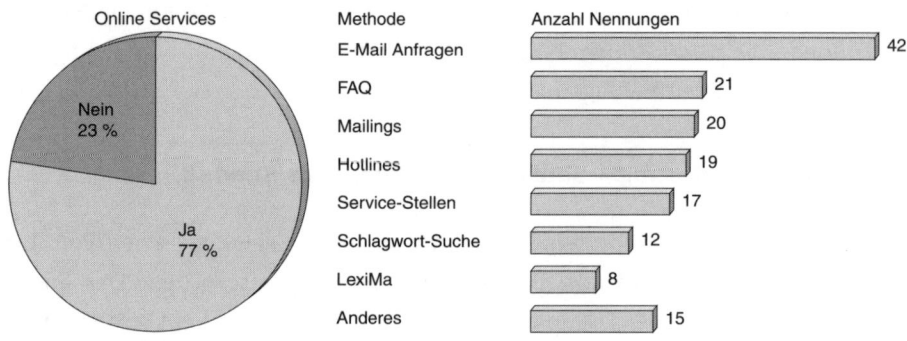

Abbildung 3.12 Anteile der Online-Services (CGE&Y/IMMF, 2001)

Die Kommunikation mit elektronischen Kurznachrichten über Mobiltelefone (SMS) bietet ähnliche Chancen und Möglichkeiten. Z.B. können via SMS Hinweise auf ein Angebot in Standortnähe gegeben werden (Location Based Services). Beispielsweise wäre es möglich, nach einem Theaterbesuch eine Nachricht von einem Restaurant in der Nähe mit dem aktuellen Menüangebot zu erhalten. Wichtig ist, dass zuvor eine Registrierung der Nutzer erfolgt sein muss, um sie sinnvoll mit den von ihnen gewünschten Daten auf Basis ihrer angegebenen Profile versorgen zu können.

Fallbeispiel 8: Becks.de

Die Brauerei *Beck* bietet auf ihrer Website Formel-1-Fans die Möglichkeit, sich für die Beck's Formel-1-News zu registrieren (siehe Abbildung 3.13). Der besondere Nutzen für den interessierten Kunden liegt darin, auch unterwegs immer auf dem neuesten Stand über die Formel-1-Entwicklungen zu sein, da die News via SMS direkt auf sein Mobiltelefon gesendet werden. Die Erlaubnis dazu erteilt der Kunde, indem er in dem unten abgebildeten Formular seine Handynummer angibt. Das Feld »E-Mail« ist ein weiteres Pflichtfeld. Durch Bestätigung mit dem darunter liegenden Kontrollkästchen kann der Konsument eine weitere Erlaubnis zur Kontaktaufnahme durch Beck geben. In diesem Fall bittet die Brauerei darum, via E-Mail »Neuigkeiten rund um Beck's« zusenden zu dürfen. Damit erhielte Beck zwei verschiedene Kontaktadressen für die direkte, individualisierbare und vom Kunden erlaubte Kontaktaufnahme.

Abbildung 3.13 Beck's Formel-1-News (www.becks.de, 2001)

Im Sinne des Permission-Marketings soll der Kunde nicht nur um Erlaubnis zur Kommunikation gebeten werden, sondern auch die Möglichkeit der Einflussnahme auf ihn betreffende Daten erhalten, z.B. das eigene Profil einsehen oder ändern können, seine Bestellungen der letzten drei Monate abrufen oder seinen Kontostand abfragen können. Kunden sind als gleichberechtigte Partner eines Unternehmens zu akzeptieren und sollten eigenverantwortlich handeln dürfen.

Durch diese informationelle Selbstbestimmung wird eine neue Qualität der Kundenbeziehung erzeugt. Der hohe Grad an Einbeziehung lässt beim Kunden einen hohen Grad an Verbundenheit entstehen. Im Ergebnis kann eine Permission-Marketing-Beziehung Response-Raten liefern, die erheblich über denen des klassischen Direktmarketings liegen.

Viral Marketing – exponentielle Verbreitung von Werbebotschaften

In der Internet-Branche hat sich das **Viral Marketing** bereits zu einem festen Terminus entwickelt. Es nutzt die bestehenden Kommunikationsbeziehungen zwischen den Web-Usern für die Verbreitung einer eigenen (Werbe-)Botschaft. Kunden versenden digitale bzw. digitalisierbare Informationen bzw. Produkte via elektronischer Post an weitere potenzielle Kunden aus ihrem sozialen Umfeld, die ihrerseits für eine Weitervermittlung sorgen. Die Begriffe Propagation, Aggregation-Marketing oder Organic Marketing beschreiben den gleichen Vorgang.

Der Bezug zu Viren ergibt sich durch die exponentielle Verbreitung der Information. Mit Hilfe eines E-Mail-Clients lässt sich eine Botschaft gleichzeitig an nahezu beliebig viele Empfänger versenden – nur durch die Anzahl verfügbarer Kontakte im Adressbuch beschränkt. Dabei kommt zwischen Anbieter und Nachfrager zunächst nur indirekt ein Informationsfluss zustande. Lediglich der initiale Kontakt zu den ersten Adoptern geht vom Anbieter direkt aus. Andere Kunden übernehmen dabei die Funktion von Zwischenhändlern.

Liegt für den Erstkontakt auch eine Erlaubnis von den Erstempfängern vor, dürfte dies den Erfolg der Maßnahme entsprechend der Strategie des Permission-Marketings positiv beeinflussen. Der Ansatz der selbstbestimmten Kommunikation wird zumindest aber auf den darauf folgenden Kommunikationsstufen vom Viral Marketing genutzt: Sender und Empfänger stehen bereits in einer (Kommunikations-)Beziehung zueinander und haben einem Dialog entsprechend zugestimmt. Die »getarnte« Werbebotschaft dürfte dadurch in vielen Fällen auf ein erhöhtes Maß an Wohlwollen auf Empfängerseite stoßen und zu einer erhöhten Response-Rate führen.

Das Ziel liegt zumeist darin, die Empfänger zu einem Besuch auf der Website des Anbieters zu bewegen. Neben Suchmaschinen und Links ist die Empfehlung via E-Mail der häufigste Weg, wie Web-Surfer von anderen Websites Kenntnis erlangen. Auf seiner Website versucht der Anbieter den bisher ihm unbekannten Empfänger seiner Botschaft mit kundenbindenden Leistungen zu einer Identifizierung zu bewegen. Solche Leistungen sind für den Kunden kostenlose Freeware wie z.B. Nachrichtendienste und Spiele (wie beispielsweise *Johnnie Walker*'s Mohrhuhnjagd).

Merkmale für erfolgreiche Viral Marketing-Produkte:

▶ Das Produkt wird nur im Internet und in keinem anderen Medium oder Vertriebskanal kostenlos angeboten. Die spezifische Kostenstruktur digitaler Produkte begünstigt diese Gratisabgabe durch überschaubare Fixkosten. Die Grenzkosten für eine weitere Einheit liegen nahe null.

▶ Es wird ein Kundennutzen geboten, und zumindest in der Anfangsphase ist das Produkt in der Wahrnehmung der Zielgruppe konkurrenzlos.

▶ Sorgfältige Auswahl der Erstempfänger, besonders erfolgversprechend sind Internet-User, die intensiven Kontakt mit vielen weiteren Usern unterhalten.

Fallbeispiel 9: Snickers (Viral Marketing)

Das Beispiel von *Snickers* zeigt, wie Viral Marketing funktionieren kann. Bezogen auf die letzte Wahl des US-Präsidenten wurde das in Abbildung 3.14 dargestellte Bild einer Strichliste (s.u.) via E-Mail an Snickers-Konsumenten gesendet. In kürzester Zeit hat sich die Botschaft unter den Internetnutzern verbreitet und konnte viele amüsieren (Nutzen). Das Bild wurde auch auf der Snickers-Website zum Download angeboten. So konnten auch diejenigen schnell auf das Bild zugreifen, die vielleicht nur davon hörten. Zudem findet der Nutzer auf der Website noch weitere Angebote, wie z.B. ein Multiplayer Soccer-Game.

Abbildung 3.14 Viral Marketing für *Snickers* (www.mars.de, 2000)

Der ausgelöste Schneeballeffekt führt zu ausgeprägten Pioniervorteilen für die frühen Anbieter im Markt. Diese Vorteile kommen vor allem dann zum Tragen, wenn zur Nutzung eines Produktes nicht nur der einzelne Internet-User, sondern weitere Nachfrager notwendig sind. Diese Netzeffekte kritischer Massensysteme sind bei allen Telekommunikationstechnologien zu beobachten, aber auch bei vielen Software-Programmen (z.B. Spiele, E-Mail-Services).

Viral Marketing ist nicht auf das Medium Internet in Form von E-Mails beschränkt. Die Verbreitung via SMS ist ebenso möglich und wird wahrscheinlich hinsichtlich der fortschreitenden Entwicklungen im Mobilfunkmarkt an Attraktivität gewinnen. Im ersten Quartal 2001 stieg die Anzahl der Short Messages pro Monat auf 16 Milliarden (weltweit). Schätzungen zufolge ist mit einer Größenordnung von 200 Mrd. Kurznachrichten bis Jahresende zu rechnen. Alleine in Deutschland werden zurzeit monatlich ca. 2 Mrd. SMS versendet. Damit liegt Deutschland in Europa mit dreimal so vielen SMS wie das zweitplatzierte Italien an der Spitze. Diese Entwicklung weist auf ein großes Potenzial für das Viral Marketing hin.

Personalisierte Internetpräsenz und Kundenansprache

Kommt ein Nutzer, z.B. aktiviert durch eine Viral Marketing-Maßnahme, auf die Website eines Unternehmens, besteht die Möglichkeit, dem Kunden das Gefühl einer One-to-One-Kommunikation zu geben. Dies wird ermöglicht durch die **Personalisierung**sfunktionalitäten der Internettechnologien.

Um für den einzelnen Kunden im Rahmen des E-CRM personalisierte und ganzheitliche Angebote gestalten zu können, müssen kundenspezifische Profile über Eigenschaften, Präferenzen oder Verhaltensweisen des Teilnehmers erstellt werden. Dies geschieht durch kontinuierliche Aufzeichnung des Kundenverhaltens während des Besuchs auf der Website (implizit) und/oder durch freiwillig vom Nutzer zur Verfügung gestellte Informationen (explizit). Diese teilweise in Echtzeit gewonnenen Kundendaten lassen sich so einsetzen, dass beim Kunden der Eindruck einer persönlich abgestimmten Betreuung entsteht.

Dies erfordert den Einsatz dynamischer Webseiten, für die zwar ein Gestaltungsrahmen, z.B. abgestimmt auf das Corporate Design, vorliegt, bei ihrer Darstellung aber flexibel auf unterschiedliche Datenbankinhalte verschiedener Formate (wie Text und Bilder) zurückgegriffen werden kann.

In diesen Prozess können die vom Kunden bei jedem Besuch hinterlassenen Spuren integriert werden. Dafür werden via Log-Files der Web-Server sämtliche Kunden(inter)aktionen automatisch erfasst. Unter Anwendung des Web-Minings (vgl. Abschnitt 3.1) lassen sich daraus Informations- und Kundenprofile z.B. über Kaufpräferenzen, bevorzugte Zahlungsweisen, individuelle Interessengebiete etc. generieren. Ergänzend können auch aus anderen Analysen z.B. über das Chatverhalten weitere dienliche Hinweise gewonnen werden, woraus sich dann insgesamt auf den einzelnen Kunden abgestimmte Aktionen ableiten lassen, die den individuellen Aufbau der Website optimieren.

Ist neben anderen Präferenzen z.B. der Musikgeschmack bekannt, ließe sich damit auch das »Sounddesign« einer Website dem individuellen Geschmack anpassen. Der Einsatz von Musik hilft, die Aufmerksamkeit des Konsumenten über einen längeren Zeitraum aufrechtzuerhalten. Unter dem Einsatz eines angepassten Sounddesigns kann die Verweildauer der Kunden doppelt so lange ausfallen wie üblich. Bisher wurde im Internet zwar aufgrund geringer Übertragungsleistungen oftmals bei der Website-Gestaltung auf den Ton verzichtet, im Zuge der sich stetig weiterentwickelnden Geschwindigkeitskapazitäten werden Audio und auch Video aber zunehmend interessanter für ein individualisierbares Gestaltungsportfolio. Gibt der Nutzer zudem auch persönliche Daten wie seinen Namen preis, dann ist auch eine personalisierte Kundenansprache möglich.

Je umfangreicher die Kundenprofile sind, desto wirkungsvoller dürfte das Ergebnis der Personalisierungsfunktion hinsichtlich der beabsichtigten Bindung des Kunden an die Website und letztlich an das Unternehmen bzw. die Marke ausfallen.

Fallbeispiel 10: Snickers.de (Personalisierte Kundenansprache)

Ein Beispiel, wie eine personalisierte Kundenansprache bei Kenntnis des Kundennamens aussehen kann, zeigt die Personalisierungsfunktionalität der *Snickers*-Website. Der Nutzer wird beim Besuch der Seite aufgefordert, seinen Namen einzutragen. Hat er dies getan, wird er sofort danach auf den weiteren Seiten mit seinem Namen angesprochen und ggf. auch zu weiteren Aktivitäten, wie hier zu einem Multiplayer-Soccer-Game, animiert. Beachtenswert ist dabei auch die stilistisch dem Site-Design angepasste Integration des Namens.

Abbildung 3.15 Personalisierungsfunktion auf der Snickers-Website (www.snickers.de, 2000)

Fallbeispiel 11: Jacobs Kaffee Profiler (Erstellung von Kunden-profilen)

Jacobs Kaffee setzt mit dem Jacobs Kaffee-Profiler auf die Bereitschaft der Kunden, freiwillig Angaben über ihre Vorlieben und Abneigungen bzgl. Kaffee zu machen, um »mehr über Ihre Kaffeetrinkgewohnheiten zu erfahren, damit wir weiterhin Jacobs-Qualität und Zeitgeschmack in Einklang bringen und neue Kaffees in unser Sortiment aufnehmen können.« Die Daten dürften in diesem Falle für die Verbraucherforschung und die Kommunikationsgestaltung gleichermaßen verwendbar sein.

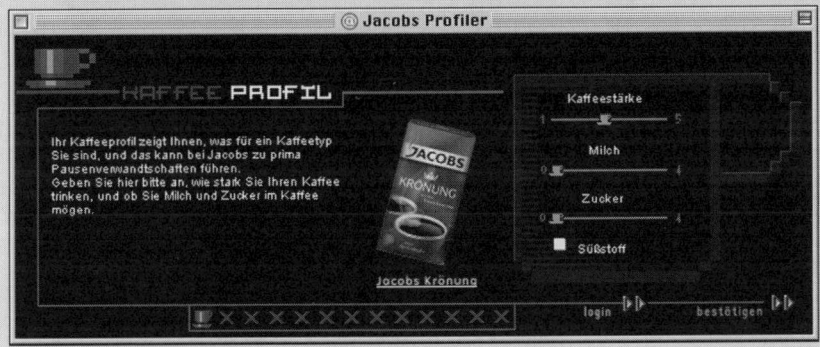

Abbildung 3.16 Jacobs Kaffee-Profiler (www.jacobs.de. 2001)

Dabei ist ein erzeugtes Kundenprofil in seiner Verwendung nicht nur auf den betreffenden Kunden beschränkt. Eine schnelle und effiziente Methode, ein Profil auch für andere Kunden einzusetzen, bietet das **Collaborative Filtering**. Mit dessen Hilfe werden die Präferenzen verschiedener Nutzer miteinander abgeglichen. Den Korrelationsgraden der Merkmale entsprechend wird auf weiterführende Präferenzen geschlossen, die für die weitere kundenspezifische Angebotsgestaltung berücksichtigt werden können. Neben Optimierungsmöglichkeiten für die One-to-One-Kommunikation können darüber durch zielgenauere Produktempfehlungen weitere Cross-/Up-Selling-Potenziale erschlossen werden.

Trotz Kundenbindungsnutzen sind Personalisierungsfunktionen bisher relativ wenig verbreitet. Nach einer Umfrage sind von den 500 Top-Unternehmen Deutschlands bis jetzt erst ca. 20 Prozent in der Lage, die im Internet gewonnenen Kundeninformationen auch direkt in die Unternehmensdatenbasis zu integrieren (vgl. Abbildung 3.17). Gleichwohl sieht aber über die Hälfte der Unternehmen einen Handlungsbedarf in diesem Bereich und plant diese Daten zukünftig auszuwerten, um sie beispielsweise für die Erstellung kundenindividueller Webseiten verwenden zu können. Trotz Kundenbindungspotenzialen wird Letzteres bisher allerdings nur von 6 Prozent der befragten Unternehmen praktiziert. Das Collaborative Filtering liegt entsprechend bei nur 5 Prozent, ein Einsatz wird aber bereits von 46 Prozent der Unternehmen geplant.

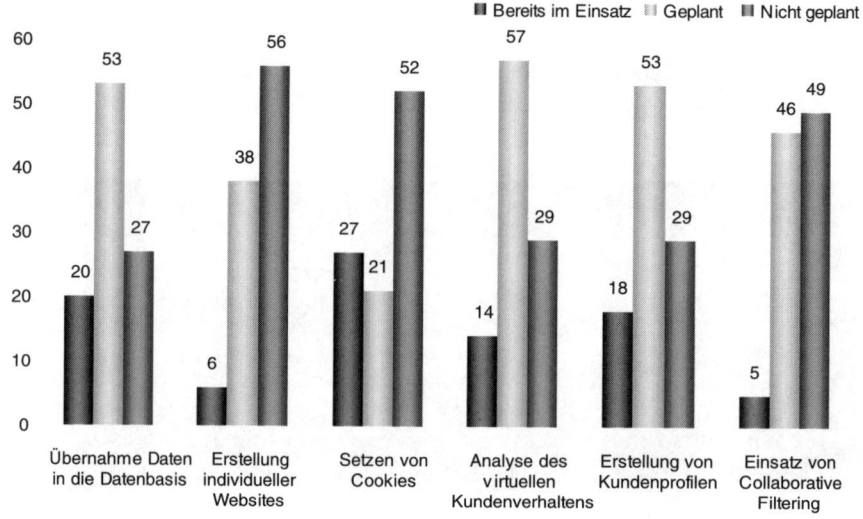

Abbildung 3.17 Einsatz von Personalisierungsfunktionen im Internet [in Prozent] (Wilde, 2001)

Insgesamt lässt Abbildung 3.17 vermuten, dass die Mehrheit der Unternehmen, mit praktischen Erfahrungen in E-CRM, erkannt haben, dass die Auswertung der Kundendaten und die Verwendung der daraus gewonnenen Ergebnisse den Schlüssel zur One-to-One-Kommunikation mit dem Kunden darstellt.

Virtuelle Communities

Bei einer virtuellen Community handelt es sich um einen virtuellen Raum, in dem sich regelmäßig Mitglieder der Online-Gemeinschaft treffen, Kontakte pflegen und Informationen austauschen. Die Mitglieder tun dies aus eigenem Antrieb und motivieren sich gegenseitig. Sie werden dabei durch ihr gemeinsames Interesse zusammengehalten.

Der Gedanke virtueller Communities ist so alt wie das Internet selbst, dessen wirtschaftliche Nutzung sich nach wie vor in einem relativ frühen Stadium befindet. Das Konzept der virtuellen Communities als Kundenkommunikationsplattform kann von Unternehmen in unterschiedlicher Weise adaptiert werden. Vor allem die Konzentration auf ein Interessengebiet können sich Unternehmen für zielgerichtete Marketingkommunikation und Produktangebote durch die konzentrierte Ansammlung von Kaufkraft zunutze machen. Gleichzeitig kann eine virtuelle Community zu Marktforschungszwecken dienen.

Mitglieder virtueller Communities haben wenig Mühe, mit gleich Gesinnten in Kontakt zu treten, und das zu relativ geringen Kosten. Diese niedrigen Investitions- und Transaktionskosten lassen virtuelle Communities allerdings in ihrer Lebensdauer, Signifikanz und Erscheinung beliebig gering werden und in ständiger Konkurrenz zu anderen Communities stehen. Hier gilt es einen Mehrwert zu schaffen, der z.B. durch die Verknüpfung von virtuellen Communities mit klassischen Kundenclubkonzepten erreicht werden kann. Klassische Kundenclubs wiederum können durch Einsatz virtueller Communities im Rahmen des Clubkonzepts von der Kommunikationseffizienz und weiteren Merkmalen des Internets profitieren und darüber Verbreitung finden.

Fallbeispiel 12: Maggi Kochstudio (Community)

Der bereits in Fallbeispiel 5 genannte *Maggi Kochstudio-Club* macht sich das Internet als Kommunikationsplattform zunutze und setzt dabei auch auf das Konzept virtueller Communities.

Alle 14 Tage wird die Website aktualisiert. Der Kunde kann via Datenbank auf ca. 3.600 Kochrezepte zugreifen oder auch direkt an dem täglichen Life-Kochkurs teilnehmen. Abgerundet werden die Leistungen durch Sonderangebote von Partnerfirmen und Dialogprogramme für Hobbyköche. Insgesamt wird bei den Kundenwünschen ein Trend zu intensiverer und spezieller Beratung festgestellt. Das Internet kann diesen Ansprüchen aufgrund seiner Funktionalitäten gerecht werden. Dabei steht der Chat und Austausch der Nutzer untereinander im Mittelpunkt. Das Unternehmen übernimmt in dieser virtuellen Koch-Community zunehmend nur noch moderierende Aufgaben wahr. Bevor die Online-Kommunikation für den Dialog mit dem Kunden eingeführt wurde, beschränkten sich die Kommunikationsmöglichkeiten auf Post und Telefon.

Während das Postaufkommen stagniert, liegen die Steigerungsraten bei E-Mails bei 50 Prozent pro Jahr. Derzeit wird eine Zahl von ca. 15.000 E-Mails erreicht. Bereits seit fünf Jahren wird das Maggi Kochstudio als Online-Version angeboten.

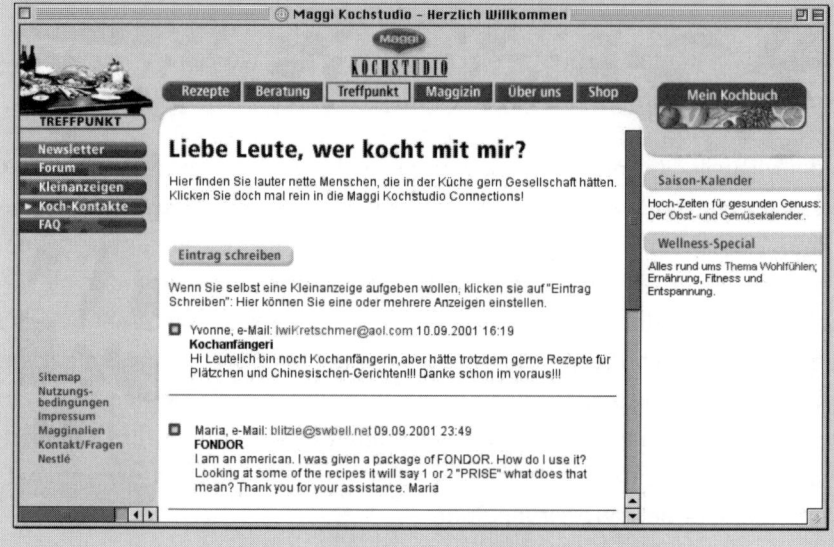

Abbildung 3.18 Online-Treffpunkt im Maggi Kochstudio (www.maggi.de, 2001)

Durch die im Sinne des Permission Marketings erlaubte, regelmäßige, direkte und individuelle Kommunikation zwischen den Mitgliedern selbst bzw. ihnen und dem Anbieter lernt dieser seine Kunden nicht nur näher kennen (Marktforschung), sondern die Mitglieder entwickeln auch eine Loyalität zum Unternehmen (Kaufbereitschaft) und werden zu dessen Vertretern (Multiplikatoren). Der Erhalt und Ausbau einer virtuellen Community kann durch stetige Verbesserung und sinnvolle Kombination asynchroner (E-Mail) und synchroner (Chat) Kommunikationsformen erhöht werden, weil damit die Zufriedenheit der Mitglieder steigen und sich ihre Loyalität vergrößern kann.

Wichtig ist dabei die direkte Einbeziehung der Mitglieder in die Gestaltung des Webangebotes. Dies garantiert einen sich stets im Interesse der Kunden weiterentwickelnden Inhalt. Gleichzeitig kann das Selbstwert- und Zugehörigkeitsgefühl gesteigert und ggf. der Aufwand des Anbieters zur Schaffung und Aktualisierung der Inhalte reduziert werden. Neben Chats und Foren zu freien Themen aus dem Interessengebiet bietet die Anregung zum Austausch über Vor- oder Nachteile von Produkten des Anbieters die Möglichkeit, indirekt auf entsprechende Produkte und Angebote hinzuweisen. Ein Mix aus Meinungen der Mitglieder und z.B. auch Testergebnissen aus offiziellen Quellen zu den Produkten sorgt für Objektivität und hebt das Vertrauen. Solche Foren können darüber auch gut der Beschwerdestimulierung dienen.

Die eingebrachten Inhalte aus verschiedenen Quellen und die langfristige Weiterentwicklung des Interessenschwerpunktes häuft immer mehr spezifisches Wissen an, dessen Aufbereitungsqualität mit den Erfahrungen steigt. Dadurch wird das Angebot immer wertvoller und attraktiver, was neue Mitglieder anzieht. Die durchschnittliche Mitgliedszeit lässt sich durch eine stetige Anpassung von Aufbau und Inhalt der Community an die sich hinsichtlich ihrer thematischen Kenntnisse sowie ihrem Lebenszyklus entsprechend weiterentwickelnden Mitglieder erhöhen. Der Erfolg der Kundenbindung innerhalb der virtuellen Community wirkt sich dementsprechend auch direkt auf die notwendigen Aufwendungen für die Mitgliederakquisition aus, um die Community vom Zweck her als auch aus Kostengründen am Leben zu halten.

Insgesamt betrachtet bieten virtuelle Communities als CRM-Instrument viele Voraussetzungen für einen bindenden, individuellen Dialog mit einer größeren Anzahl von Kunden, und das in einem attraktiven Kosten-Nutzen-Verhältnis bei entsprechend hohem Automatisierungsgrad.

Online-Event-Marketing

Um den Nutzen einer virtuellen Community für den Kunden zu erhöhen und seine aktive Teilnahme zu verlängern, sollten Informationen effektiv aufgearbeitet, gut strukturiert abgelegt und aktuell verfügbar sein. Des Weiteren bieten sich als kundenbindende Maßnahme den Interessen und dem Geschmack der Kunden entsprechende regelmäßige Veranstaltungen an. Die Einbindung von Veranstaltungen in die Online-Kommunikation ist Aufgabe des Online-Event-Marketings.

Beispielsweise könnte einer musikbegeisterten Zielgruppe ein Live-Konzert via Streaming-Video mit anschließend moderiertem Live-Interview der Künstler präsentiert werden. Nach dem Event können Teilnehmer im Dialog ihre Meinung und Eindrücke äußern sowie Vorschläge für weitere Veranstaltungen abgeben. Wichtig dabei ist, ein Event-Protokoll anzulegen. Einerseits ermöglicht es einen späteren Zugang zu den Informationen, und andererseits können temporär passive Mitglieder wieder interessiert werden, indem dieses Ereignis z.B. per E-Mail oder Clubzeitung noch einmal ausgewertet wird. Darüber hinaus kann auch das

Zugehörigkeitsgefühl des Kunden positiv beeinflusst werden: Er hätte dabei sein können, wenn er gewollt hätte.

Die ereignis- und erlebnisorientierte Nachhaltigkeit von Events ist ein zentraler Aspekt des Beziehungsmarketings. Emotionale Events schaffen Verbundenheit. Organisatorisch meist selbstständig sollten Events inhaltlich in eine integrierte Kommunikationsstrategie eingegliedert sein. Das vordergründige Ziel liegt in der Image- und Beziehungspflege.

Entsprechend werden Events zur Förderung der emotionalen Bindungen an eine Marke eingesetzt, um dadurch die Beziehung zur Marke und zum Unternehmen positiv zu beeinflussen. Beispielsweise erreichte das Unternehmen *Adidas* durch die Inszenierung von Streetball-Wettkämpfen das Image einer jugendlichen Marke (Zielgruppe 10- bis 19-jährige Jungen und Mädchen), der die Attribute trendig, modisch, sportlich, flippig zugeordnet werden. Die Markenwelt von *Adidas* wird heute fest mit den Streetball-Events in Verbindung gebracht. Dies hat zu einer hohen emotionalen Bindung der Jugendlichen an die Marke geführt. Der eigene physische Einsatz lässt die Empfänger der Werbebotschaften an der Erlebniswelt Marke teilhaben.

Im Zusammenhang mit der Kommunikation via Internet gewinnt Event-Marketing zunehmend an Bedeutung und kann im Sinne des CRM als Instrument eingesetzt werden.

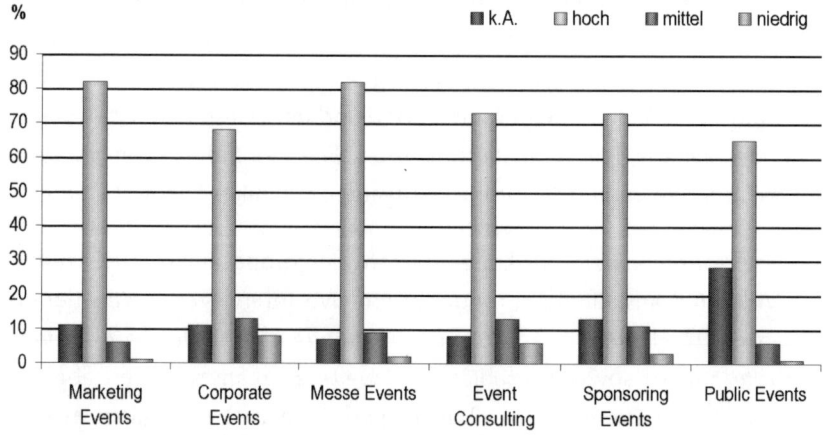

Abbildung 3.19 Bewertung des zukünftigen Stellenwerts der Einsatzmöglichkeiten des Webs im Event-Marketing aus Unternehmenssicht (Wehrhan, 2000)

Events lassen sich hinsichtlich der Berücksichtigung bzw. Integration der Online-Kommunikation wie folgt gliedern:

1. Reale, etablierte Events, die via Internet kommunikativ begleitet werden
   Es handelt sich dabei um sportliche oder kulturelle Großereignisse wie die Olympiade, die Fußballweltmeisterschaft, die Tour de France oder auch um Messen wie die IFA, die IAA und die documenta. Zu diesen Ereignissen werden Berichte ins Netz gestellt und ggf. mit Produktinformationen verbunden.

2. Reale, neue Ereignisse werden aufgegriffen und via Internet verstärkt
   Dies sind häufig auf neue, aufstrebende Trends bezogene Ereignisse von geringerer Dimension, was einen gezielteren Zuschnitt hinsichtlich Themen, Orte, Zeitpunkte oder Adressaten zulässt. Mögliche Spezialisierungen sind:

   ▶ Adressaten, wie z.B. Kinder (siehe Abbildung 3.20)

   ▶ Themenbezüge, wie z.B. Trendsportarten (siehe Abbildung 3.21)

   ▶ Lokale Ereignisse, wie z.B. Aktionstage, Sportveranstaltungen (siehe Abbildung 3.22)

   ▶ Zeitintervalle, wie z.B. Turnierserien (siehe Abbildung 3.23)

3. Neue Ereignisse werden erfunden und im Netz realisiert (siehe Fallbeispiel 13)

4. Cross-Media-Konzepte (siehe Fallbeispiel 14)

Abbildung 3.20 Nesquick-Veranstaltungen für Kinder mit dem Nestlé Kinderland (www.nesquick.de, 2001)

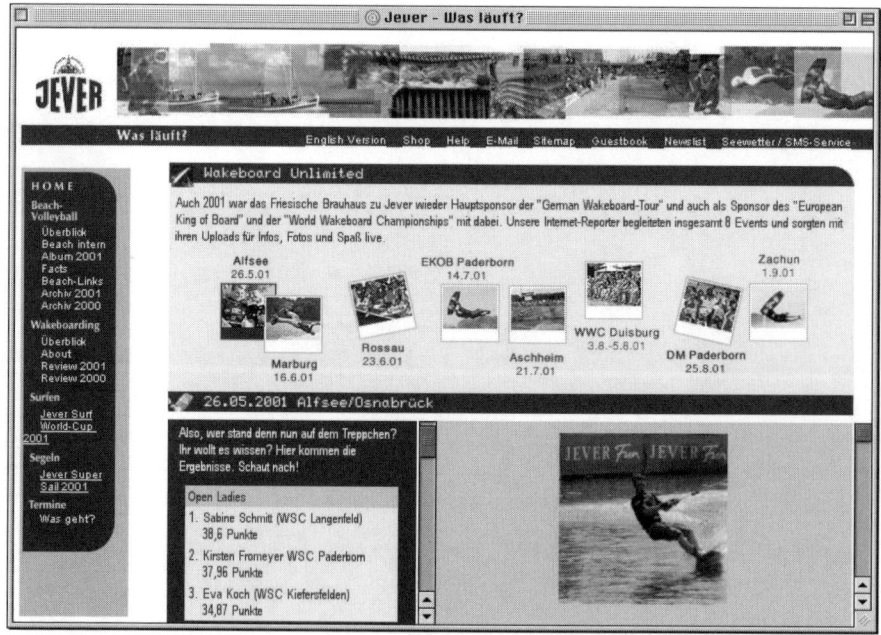

Abbildung 3.21 Jever Trendsport Event-Kalender (www.jever.de, 2001)

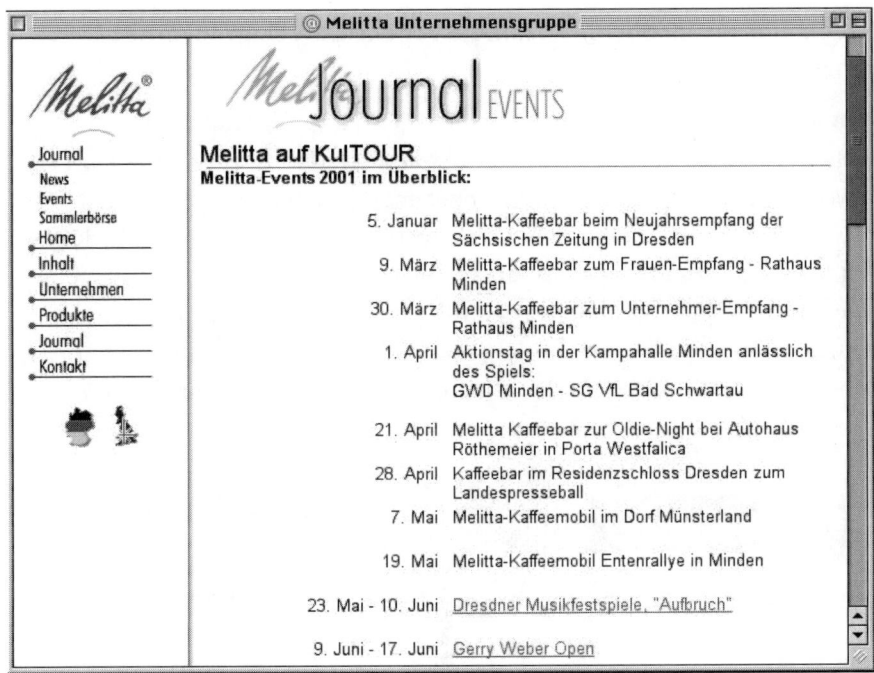

Abbildung 3.22 Melitta Journal Events (www.melitta.de, 2001)

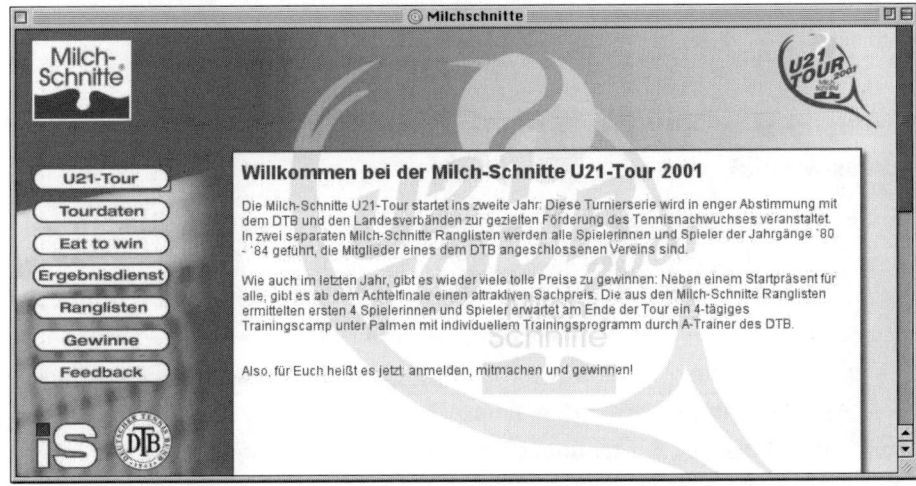

Abbildung 3.23 Milch-Schnitte U21-Tour im Tennis (www.milchschnitte.de, 2001)

Fallbeispiel 13: Jacobs.de (Online-Event-Marketing: Internet-Event)

Jacobs Kaffee hat die Kaffeepause als Anlass für die Veranstaltung eines Online-Events genommen. Unter dem Motto *"Jacobs Kaffee – Die Kaffeepause im WWW"* bietet Jacobs Kaffee ein durchgehendes Programm. Die Kunden können sich aktiv an dem Event via Voting oder Chat beteiligen. Jacobs Kaffee weist in einem Informationstext darauf hin, mit dem Angebot die Distanz zwischen Hersteller und Kunde verringern zu wollen: »Mit dem Internet ist der Weg zwischen Kaffeeröster und Kaffeetrinker, also zwischen Ihnen und uns, kürzer geworden, und wir hoffen, dass unsere Kaffeekompetenz und Ihre Kaffeepause am Bildschirm zu spannenden Verabredungen führen.«

Abbildung 3.24 Jacobs Kaffee-Programm (www.jacobs.de, 2001)

Fallbeispiel 14: Milka.de, RTL2.de (Online-Event-Marketing: Cross-Media)

Ein Beispiel, wie die Integration von Online-Event-Marketing im Rahmen von Cross-Media-Konzepten aussehen kann, zeigt *Kraft Foods* mit seiner Marke *Milka*. Zum Anlass der 100-Jahr-Feier wird ein dreitägiges Haupt-Event in Zell am See in den Alpen veranstaltet. Dem Haupt-Event sind verschiedene andere Veranstaltungsreihen (z.B. Milka Adventure Truck), Gewinn-/Online-Spiele und Aktionen vorgelagert und in einem Cross-Media-Konzept verknüpft, dessen kommunikativer Knotenpunkt die Milka-Website darstellt. Dort erhält der Kunde alle wesentlichen Informationen zu den einzelnen Aktivitäten sowie Verweise auf entsprechende Online-Angebote. Hervorzuheben ist die Kooperation mit dem Privatsender *RTL2*. In der eigenen Sendereihe »Be a Star« können sich Interessierte bei Milka als Co-ModeratorInnen für das Haupt-Event beweisen (vgl. Abbildung 3.25).

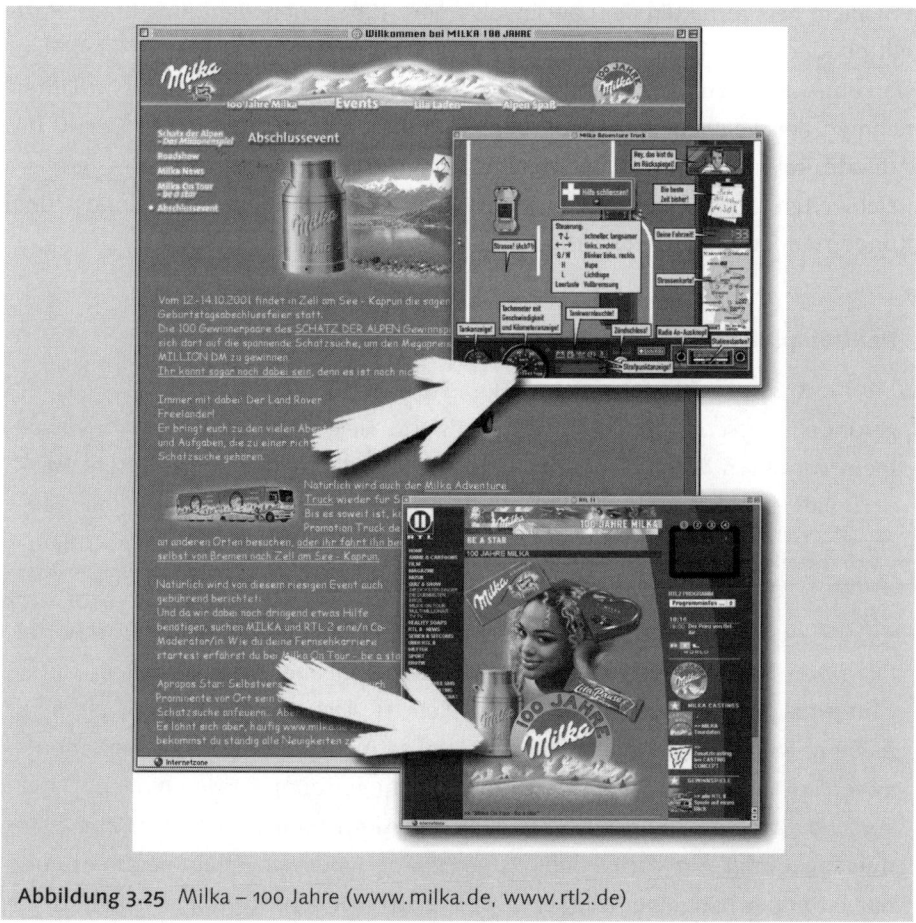

Abbildung 3.25 Milka – 100 Jahre (www.milka.de, www.rtl2.de)

Partnering mit Kooperativ-Promotions

Eine relativ einfache Art der Vernetzung von verschiedenen Unternehmen ist die gemeinsame Durchführung von Kooperativ-Promotions. Innerhalb der Kooperativ-Promotions können zwei Typen unterschieden werden. Von einer vertikalen Kooperation spricht man, wenn eine Handelsorganisation eine Verkaufsförderungsaktion gemeinsam mit einem Markenartikelhersteller durchführt. Die andere Form der Kooperativ-Promotion ist die horizontale Kooperation. Sie ist dadurch charakterisiert, dass zwei Markenartikelunternehmen eine gemeinsame Verkaufsförderungsaktion durchführen. Gerade für große Marken bietet das Internet die besten und einfachsten Möglichkeiten für eine Kooperation, die wiederum die Marken stärken kann.

Vor allem bei Produkten der Low-Involvement-Kategorien wie Zahncremes, Putz-mittel oder Windeln ist die Kooperation mit thematisch passenden, reichweiten-starken Angeboten interessant. Solche horizontalen Partnerschaften von Unter-nehmen der gleichen Wertschöpfungsstufe werden auch unter dem Begriff des **Affiliate Relationship Managements** zusammengefasst. Aufgabe ist es, größere Reichweiten, zusätzliche Distributionskanäle auszuschöpfen oder einfach dem Kunden Added-Value-Informationen zu liefern.

Fallbeispiel 15: Procter & Gamble (Partnering)

Procter & Gamble hat für seine Marke *Punica* in *SONY Walkman* einen Partner gefunden, dessen Produkte für die anvisierte Zielgruppe ein höheres Involve-ment vermuten lassen. Durch eine auf den Mediensektor ausgeweitete Part-nerschaft mit Unternehmen wie *VIVA*, *DSF*, *WOM* u. a. wird die jedes Jahr stattfindende Veranstaltungsreihe »Punica Jam Session« im Sinne des Online-Event-Marketings cross-medial vermarktet (vgl. Abbildung 3.26).

Mit *Pampers* ist *Procter & Gamble* eine Partnerschaft mit dem Internetportal *Rund-ums-Baby.de* eingegangen, obwohl die eigene Markenpräsenz unter *Pampers.de* schon bereits sehr erfolgreich ist. Die monatlich mehr als eine halbe Million Zugriffe auf Rund-ums-Baby.de möchte Pampers sich nicht ent-gehen lassen und für den Aufbau von Beziehungen zum Kunden nutzen. Dafür versorgt Pampers den Rund-ums-Baby-Newsletter mit Ratschlägen und Pro-duktangeboten. Ein Vorteil dabei ist, dass viele Verbraucher ein neutrales Por-tal im Vergleich zu einer Marken-Website für vertrauenswürdiger halten. Spä-ter, wenn der Nachwuchs dem Babyalter entwachsen ist, plant Procter & Gamble die Adressbasis für das Projekt *Familiensache.de* zu verwerten.

Für diese Portalseite hat Procter & Gamble Firmen wie *Opel*, *Ravensburger* und den Ferienparkbetreiber *CenterParcs* als Partner akquiriert. Auf dieser Website können die Community-Mitglieder Punkte sammeln, indem sie Produkte tes-ten oder ihre Konsumgewohnheiten preisgeben. Dafür erhalten sie attraktive, speziell auf Familien zugeschnittene Prämien. Zudem erhalten die Mitglieder viermal jährlich ein Magazin. Über Familiensache.de sollen auf diese Weise 3,5 Mio. Haushalte an die Marken von Procter & Gamble gebunden werden.

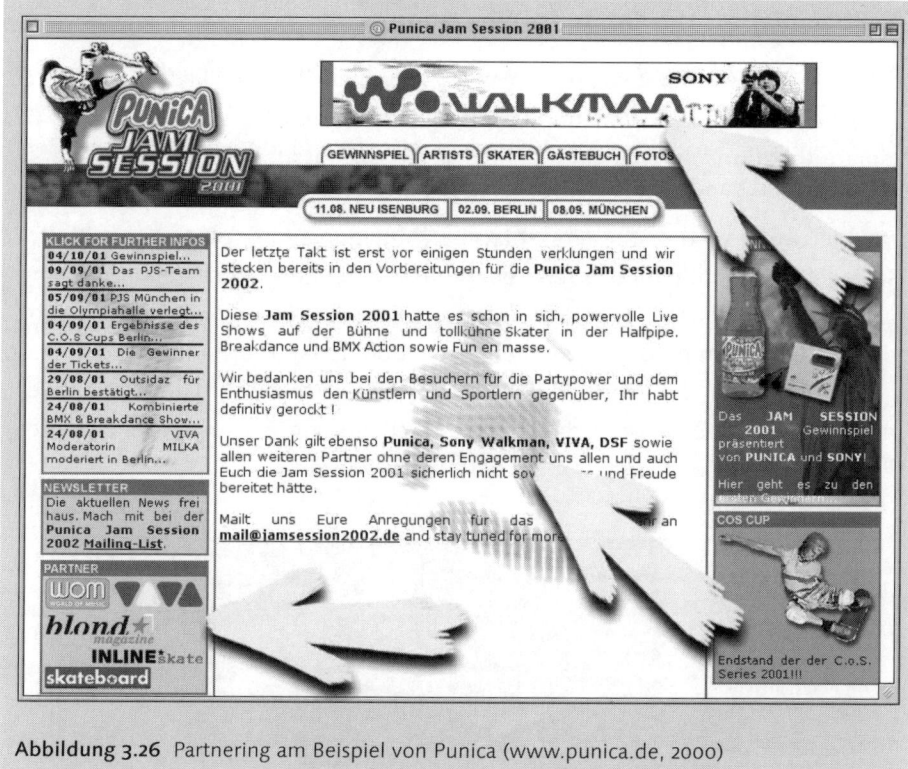

Abbildung 3.26 Partnering am Beispiel von Punica (www.punica.de, 2000)

3.4 CRM im Distributionsmix – Direktverkauf via Internet

Ein Vorteil des Internets liegt in der täglich 24-stündigen Zugriffsmöglichkeit. Unabhängig von den Öffnungszeiten der Ladengeschäfte stehen dem Kunden entlang der Phasen des **Customer Buying Cycles** (Anregung, Evaluation, Kauf, After-Sales) jederzeit verschiedene Leistungsstufen der Unternehmen zur Verfügung. Bezüglich der relativ kommunikationsintensiven Phasen Anregung, Evaluation und After-Sales werden im Abschnitt 3.3 verschiedene Instrumente vorgestellt, die von der Informationsbeschaffung bis zur Beschwerdeführung unterschiedliche Wege für einen kundenzufriedenheitsfördernden und kundenbindenden Dialog bieten. CRM als übergreifender, integrativer Ansatz sucht in allen Phasen die Nähe zum Kunden, was dementsprechend auch die Kaufphase beinhaltet. Der Direktverkauf via Internet bietet dem Konsumgüterhersteller die Chance, hinsichtlich seines Distributionsmix an Nähe zum Kunden zu gewinnen.

Fallbeispiel 16: Haribo.de (Online-Shop)

Haribo bietet auf seiner Website dem Kunden im Haribo Online-Shop sowohl Produkte aus dem Süßwarensortiment in Sonderpackungsgrößen als auch Merchandising-Produkte. Einige Sonderpackungen sind auch in Kombination mit den Merchandising-Produkten erhältlich.

Beispielsweise wird in der »Präsentkiste« (Abbildung 3.27), einer Auswahl verschiedener Fruchtgummisorten, ein *»Goldbär*-Schlüsselanhänger« und eine »Haribo Baseball Cap« beigefügt. Für dieses Produkt verlangt Haribo vom Kunden 45 DM. Aufgrund der geschnürten Produktpakete erhöht sich die Losgröße und kann den Vertrieb für Haribo aus Kostensicht damit attraktiver machen. Gleichzeitig wird durch die Merchandising-Artikel die emotionale Bindung des Kunden zum Produkt vermutlich verstärkt.

Abbildung 3.27 Haribo Online-Shop, »Präsentkiste« (www.haribo.de, 2001)

Der Produktverkauf via **Online-Shop** im Internet ermöglicht es dem Konsumgüterhersteller, seine Produkte direkt dem Konsumenten anzubieten. Es gilt für das jeweilige Unternehmen zu prüfen, ob der direkte Kontakt zum Konsumenten eine unter Umständen bestehende mangelnde Rentabilität (z.B. aufgrund geringer Losgrößen) aufwiegen kann. Eine Möglichkeit, dieser Problematik entgegenzuwirken, bietet die Möglichkeit, Sonderpackungsgrößen anzubieten. Auch kann der Verkauf von Merchandising-Artikeln im Online-Shop sich positiv auf die Rentabilität auswirken.

Bei konsistenter Aufmachung und Anpassung der Website an die Markenidentität kann das Markenerlebnis in Verbindung mit dem Angebot passender Merchandising-Produkte noch zusätzlich gestützt werden. Dies kann einem FMCG-Hersteller in dieser Form nur im Internet gelingen, wo neben Texten und Bildern (wie bei Anzeigenwerbung und Katalogen) zusätzlich mit Audio, Video, Animationen sowie Interaktivität, Dialog bis zur Community starke Aktivierungselemente zur Verfügung stehen.

Fallbeispiel 17: Direktvertrieb von Merchandising-Produkten (Online-Shop)

Ein anschauliches Beispiel liefert der »Lila Laden« der *Milka*-Website (Abbildung 3.28). Optisch CI-angepasst, ziehen im Lila Laden auf einem vom Kunden steuerbaren Laufband die angebotenen Merchandising-Artikel ggf. nach Produktgruppen sortiert am Kunden vorbei. Interessiert sich der Kunde näher für ein Produkt, so kann er sich in einem Pop-up-Window eine nähere Beschreibung anzeigen lassen und es bei Gefallen bestellen. Die Abbildung unten zeigt den Milka-Sandwichmaker zum Preis von rund 28 Euro, ein Vielfaches von dem, was eine einfache 100-g-Tafel Milka Vollmilchschokolade kostet.

Ein weiteres Beispiel ist der Online-Shop der *Beck's*-Website (Abbildung 3.29). Ebenfalls im Rahmen eines CI-konformen Designs ist hier das Angebot von Merchandising-Artikeln nach Sortimenten gegliedert: Fashion, Accessoires, Technics&Art, Drink&Fun sowie Racing stehen dem Kunden als »Abteilungen« zur Verfügung. Mit rund 80 Euro für eine Jacke aus der Beck's Fashion Collection werden auch hier Preise erreicht, die das Kernprodukt um ein Mehrfaches übersteigen.

Abbildung 3.28 Lila Laden von Milka (www.milka.de, 2001)

Abbildung 3.29 Beck's Online-Shop (www.becks.de, 2001)

Nach der bereits erwähnten Studie von CGE&Y/IMMF bietet zurzeit mit drei Prozent nur ein geringer Teil der Markenartikler sein vollständiges Sortiment online zum Verkauf an. Der überwiegende Teil testet derzeit noch die Möglichkeiten des Internets. 16 Prozent der Unternehmen stufen den Umfang ihres via Internet angebotenen Sortiments auf mittel bis hoch ein. Über drei viertel der Unternehmen betrachten den Anteil hingegen als niedrig (vgl. Abbildung 3.30).

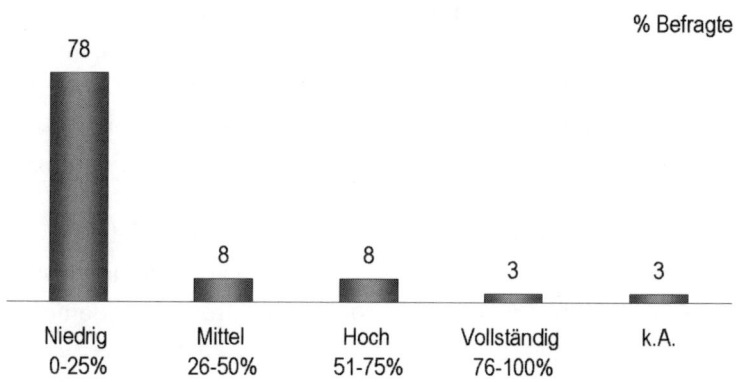

Abbildung 3.30 Anteile des Online-Sortiments bei Markenartiklern (CGE&Y/IMMF, 2001)

3.5 CRM im Produktmix – kundenindividuelle Massenproduktion

Bietet ein Unternehmen seine Produkte im eigenen Online-Shop zum Kauf an, so sollte eine unkomplizierte Bestell- und Zahlungsabwicklung gewährleistet sein, um dem Kunden einen angenehmen Einkauf zu ermöglichen. Die Kundenzufriedenheit kann neben der Schaffung optimaler Kaufbedingungen zusätzlich durch individuell auf die Wünsche des Kunden abgestimmte Produkte erhöht werden. Dem kundenorientierten Denken des CRM entsprechend müsste damit an die Stelle identischer Massenprodukte eine den Bedürfnissen entsprechende, **individuelle Maßfertigung (Customization)** für den Kunden treten. Dadurch steigert sich der Wert des Produkts für den Kunden und schafft einen ganz persönlichen Nutzen.

Um auch in der Konsumgüterindustrie individuell auf Kundenanforderungen ausgerichtete Produkte anbieten zu können, kann das Konzept der **Mass Customization** (kundenindividuelle Massenproduktion) angewendet werden. Hierunter ist die Produktion von Gütern und Leistungen für einen (relativ) großen Absatzmarkt zu verstehen, welche auf die unterschiedlichen Bedürfnisse jedes einzelnen Nachfragers abzielen, und das zu Kosten, die ungefähr denen einer massenhaften Fertigung vergleichbarer Standardgüter entsprechen. Die während des Individualisierungsprozesses erhobenen Informationen dienen dabei dem Aufbau einer dauerhaften, individuellen Beziehung.

In den meisten Fällen dürfte zurzeit beim Absatz nicht von der Erreichung kritischer Massen bezogen auf den Anteil am Gesamtumsatz auszugehen sein. Die Entscheidung zum Einsatz der Mass Customization im Bereich der FMCG erfordert deshalb eine genaue Zieldefinition, was mit der Einführung erreicht werden soll. So stehen statt der Umsatzziele für die meisten Hersteller wohl eher Markforschungsziele oder Kundenbindungsziele im Rahmen des CRM im Vordergrund.

Für den Einsatz von Mass Customization bietet sich den FMCG-Herstellern das Internet als sinnvolle Plattform zur Umsetzung an. Mit Hilfe **von Online-en** stellt sich der Kunde sein Produkt gemäß seiner persönlichen Ansprüche zusammen. Die zur Produkterstellung benötigten Informationen können auf diese Weise rund um die Uhr direkt in das ERP-System des Anbieters gespeist werden. Dabei erhöht sich die Chance, mit dem Angebot die individuellen Bedürfnisse des Kunden zu treffen, je stärker dieser in die Erstellung seines Produkts einbezogen wird und dabei möglichst hohe Freiheitsgrade besitzt.

Um den Konfigurationsprozess bei zukünftigen Bestellungen zu beschleunigen, kann der Kunde auf von ihm bei vorangegangenen Bestellungen gespeicherte Konfigurationsprofile zugreifen und sie ggf. abändern. Dies gibt ihm die Möglichkeit, seine Produkte fortlaufend an seine sich ändernden Wünsche anzupassen und insgesamt zu optimieren. Mit zunehmender Intensivierung des individuellen Kommunikationsprozesses und Vertiefung der Hersteller-Kunden-Beziehung steigt die Bereitschaft zur Preisgabe weiterer persönlicher, marktforschungsrelevanter Daten. Im gleichen Zuge lernt der Anbieter aus den Kundeninformationen. Das Wissen kann die Effizienz seines Marketings und seiner Unternehmensprozesse steigern und geschäfts- und gewinnbringend eingesetzt werden. Diese Interdependenzen können unter dem Begriff **Learning Relationships** zusammengefasst werden.

Fallbeispiel 18: Reflect.com von Procter & Gamble (Produkt-personalisierung)

Die Website *Reflect.com* ermöglicht der Kundin, sich ihr individuelles Beauty-Care-Produkt zusammenzustellen. Mit 50000 verschiedenen Kombinations-möglichkeiten sollen die Verwenderinnen sich ihr persönliches Produkt aus-wählen können. Dies gilt nicht nur für die Produktrezeptur, sondern auch für die individualisierbare Verpackung bis hin zur persönlichen Namensgebung (vgl. Abbildung 3.31).

Um das von der Kundin empfundene Risiko zu senken, bietet Reflect.com eine »Risk Free«-Garantie (vgl. Abbildung 3.32). Bei Unzufriedenheit mit dem Pro-dukt hat die Kundin die Möglichkeit, kostenlos (inkl. Versand) ein neues Pro-dukt zu kreieren, bis sie zufrieden ist. Die Rücksendung des alten Produkts ist dabei *nicht* notwendig.

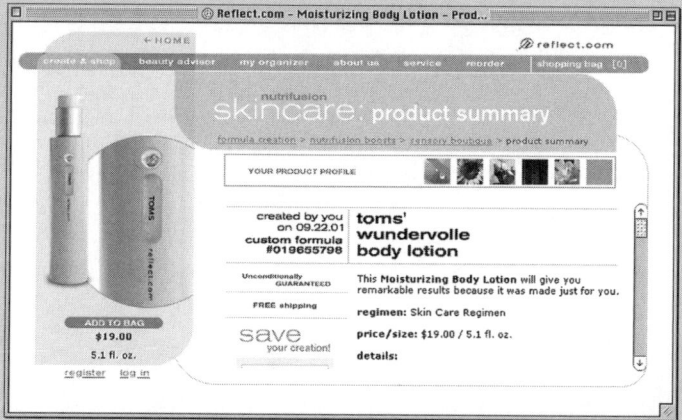

Abbildung 3.31 Product Summary von »toms' wundervolle body lotion« (www.reflect.com, 2001)

Abbildung 3.32 Risk Free Order (www.reflect.com, 2001)

4   One-to-One-Marketing im Versandhandel

In Abgrenzung zu den vorangegangenen Abschnitten mit einer Fokussierung auf den Bereich der FMCG liefert der folgende Expertenbeitrag von Timo Seewald einen Exkurs in das One-to-One-Marketing im Versandhandel. Dargestellt werden Herausforderungen und Lösungsansätze bei der Konzeption und Implementierung des One-to-One-Marketings.[1]

Unter One-to-One-Marketing wird im Allgemeinen die *kundenindividuelle Ansprache* mit Artikeln, Services oder Inhalten verstanden. Den Begriff prägten *Don Peppers & Martha Rogers* 1993 mit ihrem Buch »The One-to-One Future«. Mit der Kommerzialisierung des Internets gewann dieser Ansatz immer mehr an Bedeutung, da das Medium viele der von Peppers & Rogers geforderten technischen Voraussetzungen erfüllt. Seitdem wurde oft über die Potenziale des One-to-One-Marketings geschrieben, aber bis heute werden sie kaum genutzt, so dass man sich die Frage stellen muss, warum dies nicht geschieht.

Zunächst scheinen die wesentlichen Voraussetzungen für die erfolgreiche Umsetzung des One-to-One-Marketing-Konzepts gegeben zu sein: Es existieren sowohl Marketingideen, mit denen die Kundenzufriedenheit und Kundenbindung durch eine individuellere Ansprache gesteigert werden kann, als auch ein Großteil der für die Personalisierung notwendigen Informationen über Kunden und Artikel. Die Gründe für die mangelnde Umsetzung liegen jedoch überwiegend in der Schwierigkeit, noch nicht vorhandene Informationen zu bekommen, die neuen Informationsflüsse über Unternehmensbereiche hinweg zu gewährleisten und technische Systeme an die neuen Anforderungen anzupassen. Diese Komplexität wird jedoch erst bei der Feinkonzeption und Implementierung deutlich.

Im Folgenden soll auf die in der Literatur häufig vernachlässigten tatsächlichen Herausforderungen und möglichen Lösungsansätze bei der Konzeption und Implementierung von One-to-One-Marketing mittels moderner Informations- und

---

1   Timo Seewald ist Diplom-Kaufmann und Diplom-Sozialökonom. Nach seinem Studium an der Universität Lüneburg und der University of Miami ist er seit Januar 2000 bei einem großen deutschen Versandhandelsunternehmen tätig. Dort ist er derzeit Projektleiter für One-to-One-Marketing in den Neuen Medien.

Kommunikationstechnologien im Versandhandel eingegangen werden. Dazu wird zuerst die Entwicklung vom klassischen Marketing zum One-to-One-Marketing gefolgt von den Umsetzungsmöglichkeiten dargestellt. Im Hauptteil des Textes werden anhand der einzelnen Teilbereiche der One-to-One-Marketing-Umsetzung detailliert Herausforderungen und Lösungsansätze erläutert.

Grundlagen

Im Bereich des Online-Marketings ist eine Entwicklung vom One-to-All- zum One-to-One-Marketing zu beobachten. Die Tatsache, dass die Kosten für die Gewinnung eines neuen Kunden fünfmal so hoch wie die Erhaltung einer bestehenden Kundenbeziehung sind, führt zu einem Bedeutungsgewinn der Kundenloyalität. Damit der Kunde dem Unternehmen treu bleibt, muss noch stärker auf seine Wünsche eingegangen werden. Die Ergebnisse von Befragungen zeigen, dass Kunden mehr **Convenience** (Verbraucherfreundlichkeit) suchen, was durch eine stärkere Personalisierung erreicht werden kann. Deshalb ist eine Entwicklung in folgenden Stufen zu erkennen:

▶ **One-to-All-Marketing**
Ursprünglich bestand das Online-Marketing aus reinen One-to-All-Marketing-Maßnahmen, was einen "Information Overload" zur Folge hatte, bei dem viele Besucher einer Website bereits während der Suche nach einem Artikel aufgegeben haben. Durch zu viele für sie uninteressante Inhalte und die mangelnde Erfahrung mit dem Medium waren sie schnell frustriert.

▶ **One-to-Many-Marketing**
Aufgrund dieser Problematik wurden One-to-Many-Marketing-Maßnahmen umgesetzt, bei denen zunächst feste Kundensegmente erstellt und diese dann unterschiedlich angesprochen wurden.

▶ **One-to-One-Marketing**
Das Streben nach Individualität bewirkt, dass keine langfristig gültigen Kundensegmentierungen mehr existieren (Stichwort hybrider Kunde), sondern nur noch maßnahmenspezifische Segmentierungen sinnvoll sind. Obwohl die einzelnen Maßnahmen immer noch One-to-Many-Maßnahmen darstellen, ergibt die Kombination der Maßnahmen, die jeder einzelne Kunde erhält, den individuellen One-to-One-Marketing-Mix. Auch wenn mehrere Kunden sehr ähnliche Profile besitzen, werden Sie mit einigen Maßnahmen unterschiedlich angesprochen, da jeder Maßnahme eine eigene Kundenselektion nach ganz

bestimmten Maßnahmen vorangeht. Die Vorteile des One-to-One-Marketings gegenüber dem One-to-All-Marketing bestehen hauptsächlich in der kostengünstigeren, effizienteren Zusteuerung aufgrund individueller Profile.

Als Grundlage der Personalisierung dienen Kundeninformationen, die in Kundenprofilen gespeichert werden. Für die Speicherung solcher Daten gelten strenge Datenschutzrichtlinien, so dass die Erlaubnis des Kunden eingeholt werden muss. Es ist darauf zu achten, dass nur die Informationen gesammelt werden, die auch sofort in zusätzlichen Kundennutzen umgesetzt werden können. Dies vermeidet Datenmüll und ermöglicht durch ständig aktualisierte Kundeninformationen eine schnelle Anpassung an sich rapide ändernde Märkte. Außerdem wird eine auf Vertrauen basierende Beziehung zum Kunden nur dann aufgebaut, wenn ihm jederzeit die Wahl gegeben wird, welche Informationen er zur Verfügung stellt und er diese jederzeit ändern oder widerrufen kann.

Es gibt vor allem zwei Ausprägungen von One-to-One-Marketing:

▶ Die Entwicklung von **Personalisierungsinstrumenten**, wie ein Produktkonfigurator (www.dell.de), ein Avatar (www.deutschebank.de) oder eine virtuelle Anprobe (www.otto.de), bei der der Kunde ein Fotomodell wählen oder sein eigenes Foto einschicken und aus mehr als 600 Kleidungsstücken seine Lieblingskombination anprobieren und bequem von zu Hause aus bestellen kann.

▶ Die **Personalisierung von vorhandenen Inhalten** wie Nachrichten, Artikel, Services oder Beratungsthemen auf der Website.

Im Folgenden soll lediglich auf die zweite Ausprägung des One-to-One-Marketings eingegangen werden. Dies soll am Beispiel des Versandhandels geschehen, da er bereits die besten Voraussetzungen für das One-to-One-Marketing besitzt. Er kann auf ein bewährtes Fulfilment, die Kundenidentifikation, Sortimentsvielfalt und großes Kampagnenwissen zurückgreifen.

Die Arbeitsflüsse und technischen Voraussetzungen für die Durchführung des One-to-One-Marketings werden im Folgenden in einer Systemlandschaft vorgestellt. So können die einzelnen Module und Arbeitsschritte veranschaulicht werden. Hierbei handelt es sich um eine prototypische Darstellung. Auf die Komplexität der einzelnen Module und deren Kommunikation untereinander wird später eingegangen.

Abbildung 4.1 Virtuelle Anprobe bei Otto.de (www.otto.de/anprobe, 2001)

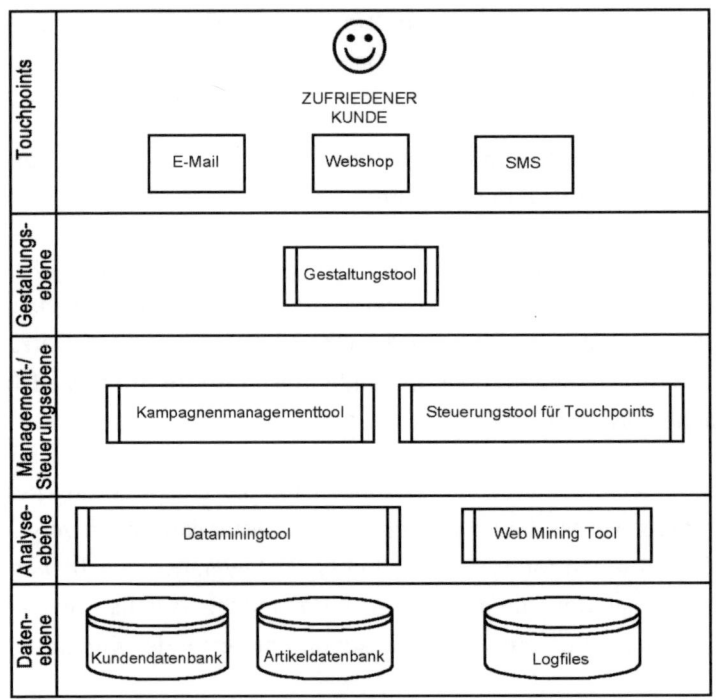

Abbildung 4.2 One-to-One-Marketing Systemlandschaft (Seewald)

Grundvoraussetzung für das One-to-One-Marketing in den neuen Medien ist ein Web-Shop, der aus folgenden drei Modulen besteht:

► einer **Artikeldatenbank** mit Artikelattributen und einer notwendigen Sortimentsvielfalt, um individualisieren zu können

► einer **Kundendatenbank** mit Kontaktinformationen

► einer **Web-Shop-Software**, die sich bereits im Tagesgeschäft bewährt hat und definierte Schnittstellen bieten muss

Für ein erfolgreiches One-to-One-Marketing müssen ferner folgende Module ergänzt oder modifiziert werden, die über einen traditionellen Web-Shop hinausgehen. Sie werden an dieser Stelle nur kurz genannt und später anhand von Beispielen näher erläutert.

► **Logfiles und externe Datenquellen**
Zur Verbesserung der Kundenansprache und Erhöhung der Personalisierungsqualität bedarf es Informationsquellen über das Kundenverhalten. Dazu können z.B. die Logfiles (Protokolle) der Webserver oder externe Datenbanken wie collaborative Customer-Relationship-Management-Datenbanken (C-CRM) von Wertschöpfungspartnern genutzt werden, um den Wünschen des Kunden besser gerecht werden zu können.

► **Data Mining Tool**
Für die Analyse der Kunden- und Bestelldatenbank und externer Informationsquellen benötigt man eine Data Mining Software, die große Datenmengen auf bestehende Muster überprüft.

► **Web Mining Tool**
Das Kundenverhalten, welches indirekt in den Logfiles protokolliert wird, muss mittels eines Analysetools ausgewertet werden, mit dem die Reaktion der Kunden auf die einzelnen Personalisierungen nachvollzogen werden kann.

► **Kampagnenmanagementtool**
Mit dem Kampagnenmanagementtool können Aktionen für den Kunden besser aufeinander abgestimmt, verknüpft und verwaltet werden.

► **Steuerungstool für Touch Points**
Ein Steuerungstool wird für die Steuerung der Touch Points mit personalisierten Inhalten genutzt.

▶ **Gestaltungstool**

Ein Gestaltungstool (Content-Management-System, kurz CMS) wird für die fle-xiblere Website-Gestaltung eingesetzt. Eingabemasken werden vorgefertigt, um Websites dann auch ohne Programmierwissen aktualisieren zu können.

▶ **E-Mail und SMS-Software**

Um die Website nicht als einzigen Online-Touch-Point zu nutzen, können zusätzlich E-Mail und ggf. SMS genutzt werden.

Nachdem die einzelnen Module kurz erklärt wurden, sollen deren Zusammen-hänge im Folgenden anhand von konkreten Umsetzungen des One-to-One-Mar-ketings erläutert werden. Dabei wird auch auf die Einbindung von C-CRM-Informationen zur Verbesserung der Personalisierung eingegangen.

Umsetzung des Konzepts

Ziel der Umsetzung des One-to-One-Marketing-Konzeptes ist die Zusteuerung von personalisierten Inhalten. Abbildung 4.3 stellt dar, wie aufgrund von Kunden-merkmalen oder Kaufhistorien ein personalisierter Vorschlag eines Artikels, eines Features und eines Services aussehen könnte. Dazu sind links die individuellen Angebote dargestellt und rechts die Kundenmerkmale, die zu der Entscheidung des Vorschlages geführt haben.

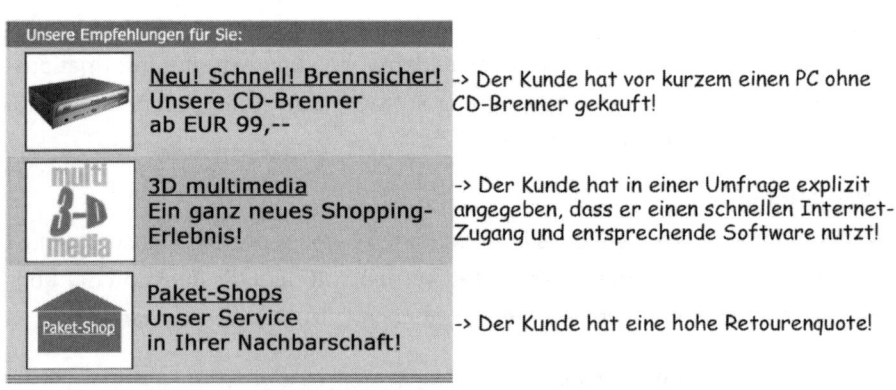

Abbildung 4.3 Beispiele für personalisierte Empfehlungen (Seewald)

Da die Einbindung von One-to-One-Marketing ein komplexer Vorgang ist, muss der Fokus bei der Konzeption auf eine erste Umsetzung eines überschaubaren, aber vollständigen Systems gelegt werden. So muss neben der Personalisierung auch die Erfolgsmessung einen festen Bestandteil darstellen, um das Wissen über den Kunden zu erhöhen und die Effizienz der weiteren Maßnahmen zu steigern. Eine Reduktion der Komplexität lässt sich u.a. dadurch erreichen, dass man sich zunächst auf die online identifizierbaren Kunden beschränkt, da diese eindeutig zugeordnet werden können und bereits auf einen vorhandenen Wissenspool zurückgegriffen werden kann. Identifizierbar wird ein Kunde, indem er sich auf der Website durch Benutzernamen und Passwort anmeldet oder automatisch durch einen Cookie erkannt wird.

One-to-One-Marketing-Maßnahmen können in zwei Gruppen unterteilt werden:

▶ Automatisierte kundenindividuelle Inhaltszusteuerung von Artikeln, Shops, Services und Beratungsthemen

▶ Kampagnenbezogene Zusteuerung, in der für einen begrenzten Zeitraum einer bestimmten Gruppe von Kunden Inhalte angeboten werden

Nachfolgend werden beide Maßnahmengruppen anhand von Beispielen genauer erläutert und diskutiert.

Eine automatisierte **kundenindividuelle Inhaltszusteuerung** ist sinnvoll, da sich zurzeit bei den meisten Websites die Inhalte (Artikel, Artikelbereiche wie Shops, Services und Beratungsthemen) allen Besuchern trotz unterschiedlicher Interessen gleich dargestellt werden. Befindet sich der Besucher beispielsweise auf der Homepage eines Universalhändlers, werden ihm Artikel aus den unterschiedlichsten Shops angeboten. Die meisten Kunden haben aber nur Interesse an ganz bestimmten Artikelbereichen, die sie immer wieder aufsuchen.

Flächen, auf denen für die Kunden uninteressante Inhalte angezeigt werden, bedeuten nicht nur verlorene Werbefläche, sondern überfluten den Kunden auch mit unnötigen Reizen, die den Kaufvorgang behindern. So könnte der Artikelvorschlag eines CD-Brenners für einen technikaffinen Kunden, der vor einiger Zeit einen PC ohne CD-Brenner gekauft hat, einen echten Mehrwert darstellen, weil solche Geräte jetzt günstiger als zum damaligen Zeitpunkt sind. Dasselbe Angebot bei nicht-technikaffinen Kunden würde eher ablenken und die Orientierung auf der Seite erschweren. Hat der Kunde den CD-Brenner bestellt, könnte in einem kooperativen Datenaustausch nach Einwilligung des Kunden ein Softwarehersteller diese Information nutzen, um dem Kunden Programme anzubieten, mit denen er den CD-Brenner noch besser nutzen kann.

Ohne eine **kampagnenbezogene Zusteuerung** werden Kampagnen entweder dem gesamten Kundenstamm oder langfristig fest eingeteilten Kundensegmenten zugesteuert. Eine Ausweitung der Anzahl von Kampagnen ohne eine stärkere Personalisierung ist wegen der drohenden Reizüberflutung der Kunden nicht sinnvoll. Eine Zusteuerung mit kampagnenbezogener Kundensegmentierung steigert die Effektivität und minimiert Streuverluste, erhöht aber ebenfalls die Anforderungen an die Verwaltung von Kampagnen und deren Zusteuerungslogik. Kampagnen, die dem Kunden online zugesteuert werden, können in drei Bereiche unterteilt werden:

▶ **Übernahme von Offline-Kampagnen:**
Statt eines Briefes an den Kunden könnte ihm nach Anmeldung auf der Homepage aufgrund einer guten Kreditwürdigkeit eine Zahlpause bei der nächsten Bestellung angeboten werden.

▶ **Übernahme von Offline-Kampagnen in Kombination mit Online-Funktionalitäten:**
Kunden mit vielen Retouren könnte als Alternative zum Lieferservice nach Hause ein ihnen nahe gelegener »Paketshop« (www.pickpoint.de) angeboten werden, bei dem rund um die Uhr die Pakete abgeholt und auch wieder abgegeben werden können.

▶ **Reine Online-Kampagnen:**
Ein Online-Feature wie eine multimediale 3-D-Artikelpräsentation wird zunächst nur Kunden mit den notwendigen Voraussetzungen, wie z.B. einem schnellen Internetzugang und einer notwendigen Software, angeboten.

Weiterhin ist eine Kombination von Kampagnen aus den drei Bereichen in einer Multichannel-/Multistep-Kampagne möglich.

Die Umsetzungen der beiden One-to-One-Marketing-Maßnahmengruppen kundenindividuelle Inhaltszusteuerung (graue Pfeile in Abbidlung 4.4) und kampagnenbezogene Zusteuerung (karierte Pfeile) unterscheiden sich nur in Teilbereichen. Bei der kundenindividuellen Inhaltszusteuerung werden die Kunden- und Artikeldatenbank durch Data Mining-Verfahren auf erkennbare Muster überprüft, die als Vorgabe für die individuelle Zusteuerung von Inhalten genutzt werden. Bei der Kampagnenzusteuerung hingegen werden die Kunden kampagnenspezifisch aus der Kundendatenbank selektiert, um dann diese Kampagnen nur den vorher selektierten Kunden anzuzeigen.

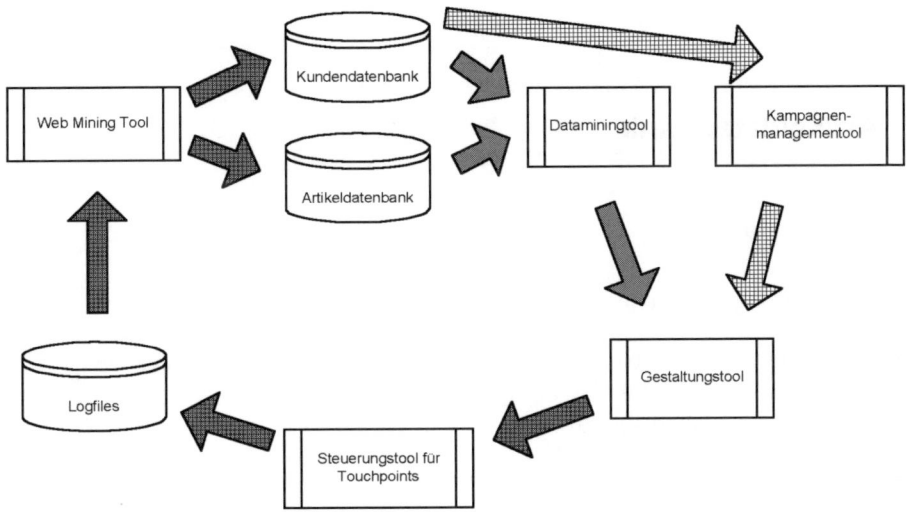

Abbildung 4.4 Closed Loops von One-to-One-Marketing-Umsetzungen (Seewald)

Es lassen sich drei Vorgänge der beiden Maßnahmengruppen unterscheiden (vgl. Abbidlung 4.4, grau-karierte Pfeile):

▶ Nutzung des Gestaltungstools

▶ Nutzung des Steuerungstools für Touch Points

▶ Nutzung des Web Mining Tools zur Analyse der Logfiles

Im weiteren Ablauf sind die drei Vorgänge deckungsgleich. In beiden Fällen stellt sich ein in sich geschlossener Kreislauf (Closed Loop) aus den einzelnen Modulen der Systemlandschaft dar. Das Wissen aus den Reaktionen der Kunden fließt zurück in die Kundendatenbank (Learning Relationship).

Im Folgenden wird auf die eigentlichen Herausforderungen und mögliche Lösungsansätze bei der Konzeption und Implementierung der einzelnen Module der Closed Loops eingegangen. Die dargestellten Herausforderungen sind als Beispiele zu sehen und pauschal so nicht auf alle Unternehmen übertragbar. Jedes Unternehmen wird seine eigenen Probleme bei der Feinkonzeption und der Implementierung erkennen und lösen müssen. Zur besseren Übersichtlichkeit sind die Herausforderungen nach dem Symbol des Moduls kurz genannt und werden dann detaillierter erläutert.

Artikeldatenbank

Herausforderungen:

▶ Verknüpfung unterschiedlicher, nicht realtime-fähiger Artikeldatenbanken

▶ Schaffung von Schnittstellen

▶ Pflege von Artikelattributen

▶ Bewältigung starrer, halbjährlicher Aktualisierungszyklen

▶ Anbindung von C-CRM-Informationen

Schon beim ersten Modul, der Artikeldatenbank, gibt es einige Schwierigkeiten, um personalisierte Artikelvorschläge durchführen zu können. Die hierfür notwendigen detaillierten Artikelinformationen benötigen großen Pflegeaufwand, besonders bei großen Artikelmengen oder dem nachträglichen Einpflegen der Informationen. Die Personalisierung von weiteren Inhalten wie Services, Beratungen oder Shopvorschlägen stellt sich sehr ähnlich dar, jedoch lassen sich die Herausforderungen am besten anhand der Artikeldatenbank aufzeigen, da sie dort am größten sind.

Im Versandhandel werden in den einzelnen Unternehmensbereichen unterschiedliche Artikelinformationen benötigt, die in unterschiedlichen Zyklen eingepflegt werden. Der Einkauf pflegt und nutzt Informationen z.B. über Lieferanten, Lieferfähigkeiten oder Deckungsbeiträge, um die bestmöglichen Artikel zur Verfügung zu stellen. Der Verkauf pflegt und analysiert Daten über Umsätze oder Retourenquoten. Aufgrund dieser unterschiedlichen Anforderungen sind verschiedene, größtenteils nicht realtime-fähige Datenbanken entstanden, die alle ihren eigenen Aufbau und ihre eigene Formatierung besitzen und in unterschiedliche Systemlandschaften eingebunden sind. Da bisher Schnittstellen nicht zwingend notwendig waren, sind diese häufig nicht vorhanden, so dass auf einige essenzielle Informationen wie Lieferfähigkeit oder Deckungsbeiträge nicht überall zugegriffen werden kann.

Bei der Printkatalogproduktion wird nicht auf Artikelebene sortiert, sondern nach Katalogdoppelseiten, so dass die Informationen auf Artikel- bzw. Artikelattribut-ebene, so wie sie für das One-to-One-Marketing dringend notwendig sind, nicht gepflegt werden. Zusätzlich gibt es in der Katalogproduktion halbjährliche Zyklen, bei denen der Großteil der Artikel ausgetauscht und somit deren Informationen nach der Saison nutzlos sind. Das bedeutet, dass bei solchen Zyklen die Anforderungen für die Pflege der Daten sehr hoch sind.

Als erster Lösungsansatz müssen die wichtigsten Informationen über Artikel aus den einzelnen Bereichen zumindest von einer zentralen Stelle abfragbar sein, da eine unternehmensweite Zusammenlegung der Artikeldatenbanken sehr zeit-, kosten- und arbeitsaufwändig ist. Auch diese Lösung wäre dann immer noch nicht zwingend realtime-zugriffsfähig, so dass sich zwei Lösungsmöglichkeiten ergeben: Entweder man implementiert eine neue realtime-fähige Datenbank, in der die Artikelattribute zyklisch aktualisiert werden, oder die Data Mining-Analysen werden offline durchgeführt und nur die Ergebnisse realtime-fähig abfragbar gemacht. Die Problematik der Aktualisierungszyklen könnte gemindert werden, wenn man sukzessive einzelne Artikelgruppen aktualisieren würde. Das Wissen über die Artikel muss Schritt für Schritt auf Artikelattributebene ausgebaut werden, um die Qualität der Zusteuerung zu erhöhen. Als Zwischenlösung kann man auf eine limitierte Anzahl von Topseller-Artikeln zurückgreifen, deren Attribute (Zielgruppe, Deckungsbeitrag, Lieferfähigkeit etc.) zur Verfügung stehen und z.B. wöchentlich aktualisiert werden.

Bisher wurden nur die Informationen betrachtet, die unternehmensintern bereits vorhanden sind. In einem Produktionsprozess mit verschiedenen Wertschöpfungspartnern können im Rahmen von C-CRM Partnerschaften über Artikel- und Kundeninformationen gebildet werden, um gemeinsame Kunden zu gewinnen, zu halten und weiterzuentwickeln. Die von den Kunden- und Artikeldatenbanken bereits bekannten Probleme von unterschiedlichen Datenbankformaten oder Kunden- und Artikelattributen werden bei Datenbanken aus unterschiedlichen Unternehmen verstärkt, so dass hier noch größere Anforderungen für die Schaffung von Schnittstellen auftreten. Um die Komplexität so gering wie möglich zu halten, ist es in vielen Fällen ratsam, vor der Anreicherung der Informationen aus externen Datenquellen zunächst die leichter zugänglichen unternehmensinternen Informationen zu nutzen. Erst in einem nächsten Schritt wird die Qualität der Zusteuerung durch zusätzliche Informationen noch einmal erheblich gesteigert.

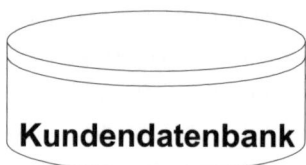

Kundendatenbank

Herausforderungen:

▶ Nutzung Offline-Wissen für Online-Personalisierung

▶ unflexible, nicht realtime-fähige Softwaresysteme

▶ Datenpflege von Kundenattributen nicht auf Artikelebene

Auch beim Modul der Kundendatenbank, die sowohl für personalisierte Artikel-vorschläge als auch für Kampagnenzusteuerungen genutzt wird, gilt es, auftre-tende Probleme zu bewältigen. Dabei sollte man sich bewusst sein, dass die Datenbank im klassischen Versandhandel u.a. für die Zusteuerung von unter-schiedlichen Printkatalogen genutzt wird, die mehrfach im Jahr durchgeführt wird.

Das Wissen für die Katalogzusteuerung basiert auf Offline-Informationen wie dem Kaufverhalten. Online-spezifische Informationen wie Zugang der Kunden ins Internet fehlen und sind nur schwer in die alten Systeme zu integrieren. Das Wis-sen über die Affinitäten der Kunden war bisher nicht auf Artikelattributebene (z.B. Affinität zu hochpreisigen Elektronikneuheiten, Mobiltelefone mit langer Batterielebensdauer etc.), sondern rein auf Sortimentsebene (z.B. Junge Mode, elegante Herrenmode, Elektronik, Schnäppchen) notwendig, da nicht für jeden Kunden ein spezieller Katalog erstellt werden konnte. Ähnlich zur Artikeldaten-bank sind für unterschiedliche Bereiche unterschiedliche Sichtweisen auf den Kunden notwendig, so dass performante, aber nicht realtime-fähige, sehr kom-plexe Datenbanken mit Kundenwissen vorhanden sind.

Als Lösungsmöglichkeit und damit Grundvoraussetzung für One-to-One-Marke-ting bedarf es einer den Touch Point übergreifenden Kundendatenbank, damit das Unternehmen in der Kommunikation mit dem Kunden über unterschiedliche Touch Points immer auf dieselbe Wissensbasis zugreift (One Face to the Custo-mer). Die Wissensbasis über den Kunden wird sukzessive nach den neuen Online-Anforderungen ausgeweitet. In Abstimmung mit den Artikelattributen in der Artikeldatenbank muss die Affinität der Kunden auf Artikelattributebene ausgeweitet werden, wobei diese Informationen auf einer längerfristig gültigen Metaebene abzuspeichern sind.

Kauft der Kunde z.B. einen Artikel mit Karomuster, so muss beachtet werden, dass in dieser Saison Karomuster Trend sein könnten. Ist dies der Fall, so sollte der Kunde als trendaffin und nicht als karoaffin eingestuft werden. Diese Vorgehensweise bedarf aber einer engen Zusammenarbeit aller Unternehmensbereiche, die in der Praxis häufig nicht besteht. Weiterhin sind oft gewachsene Systeme vorhanden, die nicht realtime-fähig und nur schwer erweiterbar sind.

Da sie jedoch mit anderen Systemen verknüpft sind, können sie nicht einfach ersetzt werden. Deshalb müssen ähnlich wie bei der Artikeldatenbank Alternativen entwickelt werden. Entweder alle Personalisierungsanalysen werden nicht in Realtime durchgeführt und nur das Ergebnis in Realtime zugriffsfähig gemacht; oder nur die Informationen, die für Realtime-Personalisierungen notwendig sind, werden in ein neues realtime-fähiges System geschrieben. Die erste Wahl ist erheblich pragmatischer und ermöglicht einen schnellen Erfolg (Quick Win), die zweite Variante schafft auf lange Sicht mehr Möglichkeiten, stellt aber ebenfalls große neue Anforderungen an die Projektplanung und Umsetzung, zumal sie erheblich kosten- und zeitintensiver ist.

Sind mit aufeinander abgestimmten Artikel- und Kundendatenbanken, angereichert durch externe Datenquellen, die Grundlagen für One-to-One-Marketing geschaffen, so können für die personalisierten Artikelvorschläge Data Mining-Analysen oder für Kampagnenzusteuerungen Managementtools genutzt werden.

Dataminingtool

Herausforderungen:

▶ Handling großer Datenmengen

▶ Zusammenführung unterschiedlicher Ausprägungen von Artikel- und Kundenattributen

▶ teilweise geringe Datenbasis über Kunden

Beim Data Mining werden Teile der vorhandenen Rohdaten zusammengeführt, bereinigt, unterschiedliche Formate vereinheitlicht und deren adäquatesten Parameter mit Data Mining-Analysen auf Muster untersucht, um kausale Zusammenhänge zu erklären.

Das Data Mining-Tool muss in der Lage sein, sehr große Datenmengen z.B. mittels Online Analytical Processing (OLAP) zu analysieren, Muster zu erkennen, um Informationen über Kundenpräferenzen anzureichern. Damit wird die Vorhersage über Kundenwünsche und Bedürfnisse verbessert. Der Data Mining- oder Matching-Prozess wird komplexer, je mehr Daten zur Verfügung stehen und je detaillierter das Ergebnis werden soll. Da in der Anfangsphase einige Vereinfachungen gemacht werden müssen, wie z.B. die Fokussierung auf Topseller, wird der Komplexitätsgrad zunächst gering sein, dann aber stetig steigen, so dass die Data Mining-Methoden und die Arbeitsflüsse auf eine erheblich größere Komplexität ausgelegt werden müssen.

Dieser Ansatz ermöglicht eine schnelle erste Umsetzung mit sukzessiven Lernerfolgen. Beim Data Mining ist darauf zu achten, dass die Kunden- und Artikeldaten dieselben Ausprägungen besitzen. So ist es kaum möglich, Artikel- und Kundenattribute miteinander abzugleichen, die nicht dieselbe Namensgebung bei den Attributen besitzen. Sollen Kunden personalisierte Artikel aufgrund ihrer Lieblingsfarbe vorgeschlagen werden, so dürfen bei den Kundenattributen nicht nur Rot und bei den Artikelattributen unterschiedliche Ausprägungen von Rot (Hellrot, Dunkelrot etc.) gepflegt werden, da sonst keine Übereinstimmung erkannt wird. Weiterhin sind die Kaufzyklen kritisch zu betrachten. Je nach angebotenem Sortiment variieren die Kaufzyklen der Kunden. Bei Lebensmitteln z.B. sind die Zyklen erheblich kürzer als bei Elektronikartikeln. Bei langen Zyklen oder bei Erstbestellern stehen deshalb noch relativ wenige Daten zur Verfügung.

Um Problemen beim Data Mining vorzubeugen, müssen eine einheitliche Namensgebung der Artikelattribute und Kundenaffinitäten gefunden oder zumindest Referenztabellen aufgebaut werden. Bei Kunden, über die nur sehr wenige Informationen vorhanden sind, müssen Default-Annahmen aufgrund von Erfahrungen mit ähnlichen Kunden gemacht werden. Hat ein Kunde bisher z.B. nur ein Möbelstück gekauft, so wird angenommen, dass als weiteres Sortiment Damen eher die Damenmode und Herren eher die Herrenmode interessiert, obwohl sie dies nie angegeben haben. Default-Annahmen sind ohnehin notwendig für Testgruppen bei der Effizienzmessung oder bei nicht angemeldeten Kunden, über die keine Informationen vorliegen. Beim Data Mining müssen entweder zuvor vermutete Personalisierungsregeln empirisch überprüft oder die Ergebnisse von Data-Mining-Analysen im Nachhinein auf ihre Plausibilität untersucht werden, bevor sie für automatische personalisierte Artikelvorschläge angewendet werden können.

Im Vergleich zum Data Mining bei personalisierten Artikelvorschlägen wird bei der Kampagnenzusteuerung ein Kampagnenmanagementtool genutzt.

Kampagnenmanagementtool

Herausforderungen:

▶ Kampagnenkonzeption:

  ▶ Schwierigkeiten des Wissenstransfers

  ▶ Verhinderung konkurrierender Kampagnen

  ▶ Lösung von Zuständigkeitskonflikten und Abstimmungsproblemen

▶ Kundensegmentierung:

  ▶ Anreicherung von Online-Wissen über Kunden

  ▶ Personalisierung ohne realtime-fähige Segmentierung

Das Kampagnenmanagement und das später angesprochene Steuerungstool sind die einzigen Module, die nur für die One-to-One-Marketing-Umsetzung implementiert werden müssen, so dass an dieser Stelle darauf genauer als auf die anderen Module eingegangen werden soll. Es befinden sich diverse Softwarelösungen auf dem Markt, die große Teile der unten beschriebenen Anforderungen abdecken. Da dieses Tool aber meistens in eine bereits bestehende, komplexe Systemlandschaft eingebunden wird, müssen die Anforderungen klar definiert und die Softwareauswahl wohl überlegt sein. Die Nutzung dieses Tools wird in die zwei Teilschritte Kampagnenkonzeption und Kundensegmentierung (also kampagnenspezifische Einteilung der Kunden in einzelne Gruppen) unterteilt.

Kampagnenkonzeption

Bei der Konzeption einer Kampagne muss zunächst entschieden werden, ob es eine Wiederholung oder Abwandlung einer bereits bewährten Kampagne oder eine vollkommene Neuentwicklung ist. Um die dafür notwendige Recherche über bereits durchgeführte Kampagnen zu ermöglichen und Lernerfolge mit dem neuen Medium voranzutreiben, sollte von Anfang an auf eine detaillierte Dokumentation geachtet werden. Für jede Kampagne müssen klare Ziele definiert werden, sie muss ausführlich in Planung und Umsetzung beschrieben sein und eine detaillierte Erfolgsmessung nach sich ziehen.

Nur so kann das Wissen archiviert und ggf. auch bei personellen Veränderungen weitergegeben werden. Dieses Vorgehen bringt alle Probleme des Wissenstransfers mit sich. Beispielhaft soll nur der Zusatzaufwand der Dokumentation ohne kurzfristigen Nutzen und die häufig mangelnde Qualität der Datenpflege angesprochen werden. In den neuen Medien werden im Vergleich zum Offline-Bereich aufgrund von geringeren Grenzkosten und besseren Variationsmöglichkeiten den Kunden eine größere Anzahl von Kampagnen zugesteuert, so dass die Gefahr von Kampagnenkonflikten wächst.

Pro Kunde dürfen keine konkurrierenden Kampagnen in Bezug auf Inhalt oder Ort der Zusteuerung geplant werden. Ebenfalls darf der Kunde nicht durch die hohe Anzahl von Kampagnen überfordert werden. Selbst wenn diese Anforderungen durch bereits entwickelte Software-Tools größtenteils erfüllt werden können, werden immer wieder Zuständigkeitskonflikte und Abstimmungsprobleme innerhalb der bereichsübergreifenden Arbeitsgruppen auftreten.

Für die Verwaltung der Kampagnen muss das Tool ein Kampagnenmanagement enthalten, in dem alle Kundenkontakte festgehalten und bei der Zusteuerung auf mögliche Konflikte überprüft werden. Das Tool soll mittels einer komfortablen Bedienungsoberfläche z.B. die Anzeige aller derzeit gültigen Kampagnen oder die Auflistung der Kampagnenhistorie eines Kunden ermöglichen. Bei den hier dargestellten Anforderungen können erfolgreiche Kampagnen nur mittels einer engen und offenen Zusammenarbeit der beteiligten Unternehmensbereiche erreicht werden.

Das Offline-Wissen über Kampagnenkonzeption, Segmentierung, Umsetzung und Erfolgsmessung muss mit dem Online-Wissen vereint werden. Diese Koordination stellt große Anforderungen an alle Beteiligten. Eine explizite Kompetenzklärung sollte in der Entwicklungs- und Experimentierphase vermieden werden, um eine gute Zusammenarbeit nicht zu gefährden. Vielmehr muss genügend Freiraum für die Entfaltung und für Variationen gelassen werden.

Kundensegmentierung

Die kampagnenspezifische Kundensegmentierung ist eine komplexe Datenbankabfrage nach einer Kombination von Kundenattributen. Zunächst einmal muss bedacht werden, dass zu Beginn des One-to-One-Marketings nur sehr wenig Online-Wissen über einzelne Kunden vorhanden sein wird. Da die Qualität der Zusteuerung aber von der Datenqualität abhängt, wird sich die Qualität der Zusteuerung erhöhen, je mehr Wissen über den Kunden genutzt werden kann. Weiterhin ergibt sich erneut das Problem, dass aufgrund der früher fehlenden Notwendigkeit keine Realtime-Segmentierung möglich ist.

Um die Schwierigkeiten, die bei der Segmentierung auftreten können, zu entschärfen, dürfen die Ziele am Anfang nicht zu hoch gesteckt werden, da erste Erfahrungen gesammelt werden müssen und das Projekt nicht gleich in Frage gestellt werden darf. Dennoch soll darauf geachtet werden, dass eine stetig messbare Verbesserung zu beobachten ist, unabhängig von welchem Niveau aus gestartet wird. Nur so kann trotzdem in einem gewissen Rahmen die Kostensensibilität gewahrt bleiben. Kampagnen sind speziell am Anfang auf die Segmentierung nach Offline-Kundenattributen abgestimmt. So kann das Online-Wissen sukzessive erhöht und damit ebenfalls die Segmentierung verbessert werden.

Gestaltungstool

Herausforderungen:

▶ gleiches »Look-and-Feel« von personalisierten und unpersonalisierten Seiten

▶ Unterstützung, nicht Verwirrung des Kunden

▶ Einbindung von variierenden Artikeltexten und Bildern

Personalisierte Seiten müssen dem Kunden das gleiche Look-and-Feel wie unpersonalisierte Seiten geben, um ihn nicht zu verwirren. Deshalb sollen »auf den ersten Blick gleiche Seiten« angezeigt werden, egal ob der Kunde identifiziert ist oder nicht. Des Weiteren muss beachtet werden, dass jeder Kunde jede Seite mit einem unterschiedlichen Ziel aufruft. Die Personalisierung soll den Kunden unterstützen und nicht ablenken. Ruft der Kunde beispielsweise den Warenkorb auf, so möchte er den Bestellvorgang abschließen. Eine sinnvolle Personalisierung wäre jetzt einen auf sein Profil passenden Lieferservice (wie den Feierabend-Service) anzubieten.

Sehr vorsichtig sollte man hingegen mit weiteren Artikelvorschlägen sein, um den Kunden nicht von seinem eigentlichen Ziel des Bestellens abzubringen. Eine weitere Herausforderung ist, dass bei unterschiedlichen Artikelkategorien Bildgröße und Artikeltextlänge stark variieren. Bei Möbeln ist die Abbildung sehr entscheidend, wohingegen bei Waschmaschinen eher ein ausführlicher Artikeltext mit den technischen Angaben von Bedeutung ist. Bei einer Vielzahl großer, aber auch kleiner Online-Kampagnen, die schnell und flexibel für unterschiedliche Touch Points durchführbar oder veränderbar sein müssen, bedarf es der abstimmungsaufwändigen Zusammenarbeit von Marketingspezialisten, Grafikern und Programmierern.

Lösungsansätze können folgendermaßen aussehen: Damit der identifizierte und der nicht identifizierte Kunde vom Layout gleiche Seiten vorfindet, müssen dem nicht identifizierten Kunden Default-Inhalte statt der personalisierten Inhalte angezeigt werden. Jede Personalisierung muss für einen ganz speziellen Ort auf der Website bestimmt sein. Je prominenter und spezieller diese Stelle, desto eher wird die Personalisierung wahrgenommen und desto erfolgreicher ist sie.

Die Entscheidung über Größe von Bildern und Texten und vor allem der Ort der Platzierung (Homepage, Pop-up, Bestellschein, im scrollbaren Bereich oder nicht) muss aufgrund von Priorisierungen der Personalisierungen und klaren Zuständigkeiten von Verantwortlichen für bestimmte Flächen fallen. Diese Entscheidungen sollten zuvor wohl überlegt sein, da sie den Gesamteindruck der Seite stark beeinflussen können. Durch die automatisierte Zusteuerung muss das Layout so konzipiert sein, dass jeder Inhalt (Artikel, Shop, Service, Beratungsthema) einen gleich guten Gesamteindruck hinterlässt und alle Artikelinformationen wie Bild, Text und Preis vorhanden sind. Um die Komplexität der Zusammenarbeit zu verringern, muss die Automatisierung so groß wie möglich sein.

Wie auch bei unpersonalisierten Internetseiten kann ein Content Management System (CMS) für die schnelle und kostengünstige Aktualisierung von sich nur geringfügig ändernden Seiten genutzt werden. Im CMS müssen Masken von Internetseiten, so genannte Templates, vorgefertigt werden, so dass ein Marketingspezialist nur ganz bestimmte Inhalte nach seinen Wünschen anpassen kann, der Gesamteindruck der Seite nicht verändert wird und die neuen Inhalte wie Bildformate oder Texte auch in diese Templates passen. Um dennoch eine endgültige Abnahme der Seite durch einen Grafiker sicherzustellen, muss eine Rechteverwaltung implementiert sein, die nur wenigen Personen das Recht zur Freigabe von vorher genau festgelegten Arbeitsschritten gewährt.

Steuerungstool für Touchpoints

Herausforderungen:

▶ Realtime-Interaktion und Personalisierung

▶ Speicherung von Internetseiten

▶ nicht realtime-fähige Systeme

Sind die personalisierten Inhalte bestimmt, müssen diese dem Kunden zugesteuert werden. Von den Touch Points E-Mail, SMS und Website stellt die Website die größten Anforderungen an ein Steuerungstool, da eine Realtime-Interaktion mit dem Kunden aufgebaut wird, auf die ggf. anhand von Personalisierungsregeln reagiert werden muss. Hierbei werden Regeln hinterlegt, die aufgrund von Benutzerprofilen oder Benutzerverhalten getriggert werden und ein Folgeereignis auslösen.

Die Einbindung einer Personalisierung bedeutet einen starken Eingriff in das gesamte System, da zum Seitenaufbau nicht nur Anfragen an die Artikel- und Kundendatenbank, sondern auch das Steuerungstool eingebunden werden müssen. Da die Geschwindigkeit immer noch eine der größten Kritikpunkte im Internet ist, werden Seiten, die für jeden Kunden identisch sind (z.B. Shoppingseiten), nach der ersten Generierung gespeichert und können somit erheblich schneller angezeigt werden, weil keine Datenbankabfragen notwendig sind. Da personalisierte Seiten bei jedem Aufruf individuell generiert werden, dauert die Anzeige der personalisierten Seiten länger als die der unpersonalisierten Seiten.

Da an der Systemlandschaft unterschiedliche nicht realtime-fähige Systeme beteiligt sind, besteht die Gefahr, dass Personalisierungen bereits veraltet sind, wenn sie dem Kunden angezeigt werden. Eine spezielle Herausforderung bieten Multichannel-Kampagnen, bei denen der Kunde über mehrere Touch Points innerhalb einer Kampagne angesprochen wird, da an allen Touch Points dieselben Informationen über den Kunden vorhanden sein müssen. So darf einem Kunden nicht der Artikel angeboten werden, den er gerade gekauft hat.

Idealerweise bietet die Software des Web-Shops bereits eine Personalisierungsmöglichkeit an. Wenn dies nicht der Fall ist, hängt die Anbindung sehr stark von dem gegebenen System ab, so dass an dieser Stelle kein allgemein gültiger Lösungsvorschlag gegeben werden kann. Bei der Konzeption der Implementierung des Steuerungstools sollte versucht werden, die Generierung der personalisierten Bereiche so früh wie möglich in den Prozess der Seitengenerierung (personalisiert und unpersonalisiert) einzugliedern, um möglichst wenige Anpassungen der restlichen Prozessschritte vornehmen zu müssen.

Auch wenn die personalisierte Seite nicht zuvor gespeichert werden kann, so können zumindest Teile der Website, die nicht personalisiert sind, gespeichert werden, was die Webserver entlastet und die Geschwindigkeit des Anzeigens der Seiten erhöht. Um die bestmögliche Aktualität gewährleisten zu können, müssen exakt aufeinander abgestimmte Informationsflüsse definiert werden. Diese sollen einerseits die Informationen so aktuell wie möglich machen, andererseits aber auch nicht zu häufig angestoßen werden, um daraus resultierende Konflikte zu vermeiden. Bei der Konzeption der Steuerung sollte von Beginn an eine Lösung gefunden werden, die auch bei einer Ausweitung der Anzahl der Personalisierungen durch höhere Benutzerzahlen und ausgeweitete Personalisierungsorte auf der Website performant bleibt.

Wie im klassischen Marketing so müssen ebenfalls beim One-to-One-Marketing Streuverluste berücksichtigt werden, bei denen Teile der Zielgruppe die Marketingbotschaft nicht sehen oder wahrnehmen. Beim One-to-One-Marketing lässt sich aber durch die Logfiles der Webserver besser nachvollziehen, welcher Kunde welche Personalisierungen gesehen und wie er darauf reagiert hat.

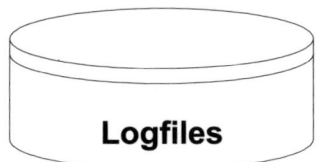

Logfiles

Herausforderungen:

▶ Personalisierung muss wahrgenommen werden

▶ Nutzung muss durch Aktion des Kunden deutlich werden

Die Streuverluste sind je nach genutztem Touch Point unterschiedlich. Außerdem erhält bei der SMS der Kunde die Nachricht am schnellsten, gefolgt vom Touch Point E-Mail. Für eine erfolgreiche Zusteuerung über die Website müssen folgende Voraussetzungen gegeben sein:

▶ internetaffiner Kunde

▶ Aufruf der Website

▶ Identifikation des Kunden (durch persönliche Anmeldung oder einen Cookie)

▶ Anwählen der personalisierten Seite

▶ Wahrnehmung der Zusteuerung

Diese Voraussetzungen können vom Unternehmen nur bedingt beeinflusst werden. Zunächst einmal muss der Kunde eine Affinität zu den neuen Medien besitzen, was bei der Selektion zu beachten ist. Da die Website ein Pull-Medium ist (also ein Medium, bei dem der Kunde aktiv Informationen anfordern muss), kann das Unternehmen nicht sicher sein, dass er auch die Personalisierung erhält. Für die wichtigsten Personalisierungen wie z.B. die Benachrichtigung, dass ein Artikel später als versprochen ausgeliefert wird, sollten deshalb die Push-Medien SMS oder E-Mail genutzt werden.

Um den Kunden zu motivieren, sich durch das Anmelden zu erkennen zu geben, sollte ihm ein kurzfristiger echter Mehrwert nach der Identifizierung geboten werden. Das kann z.B. ein automatischer Lieferstatus über seine Bestellung sein. Jedes Unternehmen muss selber entscheiden, ob es für die Anmeldung die herkömmlichen Anmeldefelder auf der Website oder Cookies einsetzt, die eine automatische Identifizierung erleichtern. Für eine erfolgreiche Zusteuerung muss ferner die Wahrnehmung der Personalisierung gewährleistet sein. Diese hängt stark von dem Ort der Platzierung ab: Je höher die Priorisierung, desto prominenter muss der Ort der Personalisierung sein.

Hat der Kunde die personalisierten Artikel wahrgenommen, muss sein Verhalten daraufhin analysiert werden, um den Erfolg der Personalisierung zu messen und die Qualität der Zusteuerungen in Zukunft zu erhöhen.

Web Mining Tool

Herausforderungen:

▶ Analyse des Kundenverhaltens auf kundenindividueller Ebene

▶ Einhaltung datenschutzrechtlicher Aspekte

▶ Abgleich von personalisierten Vorschlägen und Kundenverhalten

Erste Anhaltspunkte über die Nutzung des Web-Shops geben Logfile-Analysen. In den sehr großen Logfiles der Webserver wird der Datenaustausch zwischen den Kunden und den Servern protokolliert. Die Informationen über das Kundenverhalten sind jedoch nur versteckt vorhanden. Herkömmliche Webstatistiken analysieren nur das aggregierte Verhalten aller Besucher. Es wird z.B. gezählt, wie viele Besucher eine bestimmte Seite aufgerufen haben.

Gründe für die aggregierte Analyse sind hauptsächlich datenschutzrechtliche Aspekte und eine erheblich größere Beanspruchung der Serverkapazitäten, wenn die Analyse auf kundenindividueller Ebene durchgeführt werden würde. Um Aussagen über Personalisierungserfolge treffen zu können, muss die Analyse jedoch auf kundenindividueller Ebene durchgeführt werden. Diese Informationen werden verglichen mit den Inhalten, die jedem einzelnen Kunden angeboten wurden. Nur so kann bestimmt werden, welche Angebote von den Kunden am meisten genutzt wurden und in Zukunft ausgebaut werden müssen. Um zusätzliche Informationen über das Kundenverhalten zu erlangen, kann ein Web Mining Tool eingesetzt werden, das sich Data Mining-Analysemethoden bedient und so Muster in dem Kundenverhalten erkennen kann, was wiederum die Qualität der Personalisierung erhöht.

Zunächst müssen bei Analysen von Kundeninformationen die datenschutzrechtlichen Aspekte eindeutig geklärt sein. Ohne Zustimmung des Kunden darf nur auf anonymisierter Basis das Klickverhalten betrachtet werden. Weiterhin sollte darauf geachtet werden, dass die Anforderungen an Data Mining-Analysen zunächst von geringem Umfang sind. Bei der Ausweitung der Personalisierung auf unterschiedliche Inhalte oder Orte wird dann auch die Effizienzmessung und das Web Mining anspruchsvoller, so dass die Analysen auf sehr leistungsfähiger Hardware durchgeführt werden müssen.

Die Ergebnisse der Analysen fließen dann wieder in die Artikel-, Kundendatenbank und somit indirekt in das Kampagnenmanagementtool, so dass sich der Kreislauf (Closed Loop) der One-to-One-Marketing-Informationen wieder schließt und die Personalisierung von neuem gestartet werden kann.

Resümee und Ausblick

Das One-to-One-Marketing bietet in der modernen Informations- und Kommunikationstechnologie immer noch große Potenziale. Die Vorteile liegen in der individuellen Ansprache, die dem Kunden einen großen Mehrwert bei wiederholtem Kontakt mit dem Unternehmen bietet und ihn dadurch stärker an das Unternehmen bindet. Gründe für die teilweise zögerliche Umsetzung sind dabei nicht fehlende Marketingideen, sondern die Komplexität der Konzeption und Implementierung.

Die Kommunikation zwischen unterschiedlichen Informationssystemen und Unternehmensbereichen birgt große Schwierigkeiten, die nur Schritt für Schritt gelöst werden können. In einer Zeit, in der Investitionen stärker hinterfragt werden als noch vor wenigen Jahren, muss zunächst der Fokus auf ein überschaubares, aber ganzheitliches System gelegt werden, mit dem die ersten One-to-One-Marketing-Erfahrungen gesammelt werden können. Haben sich diese Investitionen bewährt, kann dieses System sukzessiv erweitert werden.

Die neuen Medien mit ihren unbegrenzten Möglichkeiten und Informationen haben ein Ausmaß erreicht, in dem es viele Kunden mit der Informationsflut überfordert. Eine stärkere Personalisierung ist deshalb die logische Konsequenz und kein kurzfristiger Trend. In Zukunft werden im Versandhandel neben dem E-Commerce und den Offline-Aktivitäten auch **M-Commerce** und **T-Commerce** als One-to-One-Marketing-Touch-Points zum Kunden genutzt werden, um besser auf die Kundenwünsche eingehen zu können. Um die Komplexität der Datenflüsse so gering wie möglich zu halten, können zunächst Informationen offline analysiert werden. Später wird dieses Wissen mit Realtime-Informationen verknüpft, um noch schneller auf das Verhalten der Kunden reagieren zu können und nicht angemeldeten Kunden ohne vorhandenes Kundenprofil einen Mehrwert durch Personalisierung zu bieten. Wenn die bereits im Unternehmen vorhandenen Informationen verwendet werden, können externe Datenquellen aus dem C-CRM-Bereich einen großen Zusatznutzen bieten, da weitere Artikel- und Kundeninformationen die Qualität der Personalisierung verbessern werden. Nach ersten messbaren Erfolgen wird sich das One-to-One-Marketing erheblich schneller entwickeln und gegenüber dem klassischen One-to-All-Marketing immer mehr an Bedeutung für die Old Economy gewinnen.

5   Erfolgsmessung im CRM

Effiziente Kundenbindung erfordert geeignete Kriterien und Methoden für die Messung des Erfolges der getroffenen Maßnahmen. Innovative Konsumgüterhersteller beschreiten in letzter Zeit verstärkt den Weg des Online-Controllings. Im Vergleich zu klassischen Methoden des Marketing-Controllings profitieren die Pioniere dieser Form des Controllings von schnelleren und flexibleren Analysen. Dies ist besonders wichtig im Rahmen des Einsatzes von CRM-Maßnahmen. Eine kontinuierliche Verbesserung der Kundenbeziehung ist nur möglich, wenn aktuelle Analysen in den Kundenmanagementprozess einfließen. Fehlentwicklungen können somit frühzeitig erkannt werden und belasten damit nicht negativ die Kundenbeziehung. Ein weiterer Vorteil von netzbasierter Erfolgsmessung ist die hohe Effizienz. Langfristig können mit den neuen Instrumenten deutliche Kostensenkungspotenziale erschlossen werden. Die in entsprechende Analysetechniken getätigten Investitionen amortisieren sich zumeist innerhalb von 18 Monaten.

In den beiden nachfolgenden Abschnitten stellen ausgewählte Autoren Ansätze zur Erfolgsmessung im Customer Relationship Management vor. Der erste Beitrag beleuchtet dabei das angestrebte Kundenbindungs-Controlling und die Messung von Kundenzufriedenheit. Der zweite Beitrag benennt relevante Kriterien und Methoden für die Erfolgsmessung.

5.1   Kundenbindungs-Controlling

Beitrag von Prof. Dr. Michael Zerres,
Inhaber des Lehrstuhls für Marketing an der Hochschule für Wirtschaft und
Politik, Hamburg

Eine Verwirklichung der Ziele moderner Kundenbindungsmodelle, wie etwa des CRM-Ansatzes, erfordert nicht nur eine fundierte Marketingplanung, sondern setzt zwingend auch ein entsprechendes Marketing-Controlling voraus. Dabei ist zu beachten, dass neben quantitativen ebenso qualitative Daten überwacht werden müssen. In diesem Zusammenhang lässt sich zwischen ökonomischem Marketing-Controlling und außerökonomischem Marketing-Controlling differenzieren. Ersteres knüpft an den Auswirkungen von Marketingmaßnahmen auf die wirtschaftliche Situation von Unternehmen an und hat ökonomische Ziele zum Gegenstand wie Umsatz, Deckungsbeitrag oder Marktanteil. Zweiteres bezieht sich auf psychische Merkmale der Abnehmer wie zum Beispiel auf deren Einstellungen und deren Zufriedenheit.

Es geht also nicht nur um Umsätze, Kosten, Deckungsbeiträge und Gewinne, sondern zum Beispiel auch um Kundennutzen und Kundenzufriedenheit. Dabei sind gleichermaßen Unternehmens- und Marktdaten in die Betrachtung einzubeziehen und zu verknüpfen. In diesem Sinne ist der Absatzbereich eines Unternehmens im Vergleich zu anderen Funktionsbereichen durch ein hohes Maß an Komplexität gekennzeichnet. Absatzpolitische Entscheidungen bedürfen nicht nur einer sehr sorgfältigen Vorbereitung; ebenso muss die Wirkung der beschlossenen Maßnahmen in der Durchführungsphase aufmerksam verfolgt werden. Gegebenenfalls sind kurzfristig Korrekturmaßnahmen aufgrund eines geänderten Kunden- oder Wettbewerbsverhaltens notwendig. Vor diesem Hintergrund lassen sich nun zunächst allgemein die diesbezüglichen Funktionen eines modernen Marketing-Controllings definieren:

▶ Feststellung von Abweichungen zwischen vorhergesagten (Soll-) und tatsächlich eingetretenen (Ist-)Ergebnissen (Soll-Ist-Vergleich = Kontrolle)

▶ Analyse der Abweichungsursachen

Der Marketingplan stellt also das Soll dar, das später im Rahmen der Überwachung mit dem Ist verglichen werden muss (Erfolgskontrolle). Aufgabe eines Marketing-Controllings ist darüber hinaus in der Regel aber auch eine Analyse der Abweichungen zwischen den vorhergesagten und den tatsächlich eingetretenen Ergebnissen. Eine derartige Analyse kann ergeben, dass die Abweichungen einmal auf geänderte Planungsprämissen, zum anderen auf eine fehlerhafte Ausführung zurückzuführen seien können. Je nachdem muss die Gegensteuerung abzielen auf:

▶ eine Planänderung

▶ eine Ausführungsänderung

Aufgrund der wachsenden Bedeutung von Kundenzufriedenheit als Indikator und Determinante zur Erreichung ökonomischer Unternehmensziele wird seit einiger Zeit zunehmend über die Aufnahme qualitativer Zielgrößen in das Marketing-Controlling diskutiert. Dafür spricht vor allem, dass die bisher verwendeten objektiven Merkmale allein Vermutungen auf den Grad der Kundenzufriedenheit oder der Kundenbindung zulassen. Durch Betrachtung der dynamischen Entwicklung von Kundenzufriedenheitsgraden kann konkret auf die Erfolgswirksamkeit von Marketingmaßnahmen geschlossen werden, wodurch die Erkennung relevanter Parameter zur Gegensteuerung von Planabweichungen und zur weiteren Unternehmensentwicklung erleichtert werden kann.

Im Hinblick auf seine wachsende Bedeutung in Wissenschaft und Praxis für ein Kundenbindungsmanagement wird im Folgenden das Konstrukt »Kundenzufriedenheit« diskutiert und Messverfahren zur Ermittlung der Kundenzufriedenheit einer kritischen Analyse unterzogen. Dieses neue Kriterium stellt dabei aufgrund seiner schweren Fass- und Messbarkeit besondere Anforderungen an eine diesbezügliche Controllinggestaltung.

In der Zufriedenheitsforschung existieren verschiedene Ansätze. Von den drei in der Literatur am häufigsten genannten, dem Confirmation/Disconfirmation-Paradigm (C/D-Paradigma), der Equity Theory und der Attributionstheorie, wird im Folgenden näher auf das C/D-Paradigma eingegangen, da ihm in der aktuellen Zufriedenheitsforschung offensichtlich die höchste Bedeutung beigemessen wird.

Zentrale Komponente des C/D-Paradigmas ist der an den Wahrnehmungsprozess von in Anspruch genommenen Leistungen (Ist) sich anschließende Soll-Ist-Vergleichsvorgang. Dieser Vergleichsprozess führt entweder zu einer Bestätigung oder zu einer Nichtbestätigung der (Soll-)Erwartungen. Abhängig von Stärke und Richtung der Bestätigung oder Nichtbestätigung erfolgt dann eine Reaktion, die unterschiedliche Ausprägungen von Zufriedenheit auslöst. Während das Übertreffen der Erwartungen zu einer progressiven Zufriedenheit führt, entsteht durch das Entsprechen von Erwartungen nur eine stabilisierende Zufriedenheit. Unzufriedenheit ist schließlich das Ergebnis nicht erfüllter Erwartungen.

Ein aus dem Soll-Ist-Vergleichsprozess resultierender hoher Zufriedenheitsgrad kann auf einer als hochwertig wahrgenommenen Leistung beruhen, jedoch genauso auf eine resignative Reduktion des Erwartungsniveaus oder aber auf die Kombination beider Faktoren zurückgeführt werden. Andererseits kann ein niedriger Zufriedenheitsgrad durch eine als minderwertig wahrgenommene Leistung durch zu hohe Erwartungen oder ebenfalls durch die Kombination dieser beiden Faktoren hervorgerufen werden.

In diesem Sinne wird Kundenzufriedenheit heute oftmals als Übereinstimmung der subjektiven Erwartungen eines Kunden mit seiner tatsächlich erlebten Anspruchsbefriedigung durch ein in Anspruch genommenes Produkt oder eine

Dienstleistungsverrichtung definiert. So beruht Kundenzufriedenheit also auf einem Vergleich von wahrgenommenem Wertgewinn durch eine Inanspruchnahme einer Leistung oder die Nutzung eines Produktes und dem vorher erwarteten Wertgewinn.

Während in der früheren Marketingtheorie und -empirie grundsätzlich diejenigen natürlichen oder juristischen Personen als Kunden betrachtet wurden, die als Nachfrager auf den Absatzmärkten von Unternehmen Leistungen in Anspruch nehmen, werden heute auch die Mitarbeiter als Kunden, und zwar als interne Kunden – im Gegensatz zu den Endabnehmern, den externen Kunden – von Unternehmen angesehen.

Kundenzufriedenheit hat heute wesentlichen Einfluss auf das künftige Kaufverhalten, denn zufriedene Kunden kommen und kaufen in der Regel wieder, wenn sie Bedarf haben. Dabei fragen externe zufriedene Kunden nicht nur die originären Leistungen des Unternehmens eher und öfter nach als unzufriedene Kunden, sie weisen auch gesteigerte Cross-Selling-Raten auf und empfehlen das Unternehmen durch Mund-zu-Mund-Werbung verstärkt weiter. Durch verschiedene empirische Studien stellte sich heraus, dass Mitarbeiterzufriedenheit die Kundenzufriedenheit stark beeinflusst. Wenn der einzelne Mitarbeiter mit seinen Arbeitsbedingungen und seinem Arbeitgeber zufrieden ist, besteht bei ihm eine nachweislich höhere Bereitschaft, sich für andere, nämlich für Kollegen und/oder für externe Kunden, zu engagieren.

Beim Wirkungsgefüge Mitarbeiterzufriedenheit zu Kundenzufriedenheit ist eine Spiralwirkung beobachtbar. Die vom Management sicherzustellende Mitarbeiterzufriedenheit zieht durch die erhöhte Leistungsbereitschaft der Mitarbeiter entsprechend höhere Kundenzufriedenheit nach sich. In der Folge löst dies eine grundsätzlich erhöhte Kaufbereitschaft der externen Kunden aus. Die Mitarbeiter können hieraus erhöhte Verkaufserfolge erzielen, und ihre Motivation stabilisiert beziehungsweise steigert sich. Dies kann den Effekt auf externe Kunden spiralförmig weiter verstärken. Darüber hinaus kann die durch Mitarbeiterzufriedenheit entstehende höhere Mitarbeiterloyalität aufgrund der von Kunden zu Mitarbeitern im Laufe der Zeit aufgebauten persönlichen Vertrauensverhältnisse zu entsprechender Kundenloyalität führen. Eine derartige Spiralwirkung ist grundsätzlich ebenfalls bei mangelnder Mitarbeiterzufriedenheit – allerdings mit negativen Vorzeichen – zu beobachten.

Kundenzufriedenheit nimmt als zentrales Ergebnis marktorientierter Aktivitäten und als wichtige Einflussgröße des Kaufverhaltens externer Kunden eine zentrale Stellung in der heutigen Marketingtheorie und -praxis ein. Die Untersuchung, inwieweit Kunden mit angebotenen Produkten und Leistungen zufrieden oder unzufrieden sind, auf welche Faktoren diese Zufriedenheit oder Unzufriedenheit zurückzuführen sind und welche konkreten Auswirkungen diese (Un-)Zufriedenheit auf das Konsumentenverhalten hat, ist eine wichtige Zielsetzung der Marketingforschung, denn hohe Kundenzufriedenheit stellt das Fundament für einen Wiederkauf und damit für eine langfristige Kundenbindung dar.

Kundenzufriedenheit bildet in der Regel also die Grundlage für eine stärkere Kundenbindung, wobei das Zufriedenheitsgefühl den Ergebnissen empirischer Untersuchungen zufolge eine zwar notwendige, jedoch nicht automatisch hinreichende Bedingung für eine dauerhafte Kundenbeziehung darstellt. Ein unmittelbarer Zusammenhang von Kundenzufriedenheit und Kundenbindung fällt in derartigen Studien vergleichsweise eher schwach aus. Für eine dauerhafte Kundenbeziehung ist daher zusätzlich zur Kundenzufriedenheit eine besondere Beziehungsqualität durch Vertrauen und »Beziehungs-Commitment« zu schaffen, wie es etwa ein CRM durch seine kunden- und prozessorientierte Perspektive anstrebt.

Betrachtet man die Folgen negativer Kundenzufriedenheit, so fällt auf, dass bei leichter Unzufriedenheit aufgrund nicht erfüllter Erwartungen in der Regel nicht gleich eine Abwanderung stattfindet. Diese setzt erst bei gravierenden Leistungsmängeln ein; sie sind abhängig von individuellen Schwellenwerten der Kunden wie Gewohnheit, Frustrationstoleranz und Konkurrenzpotenzial. Die Abwanderung von Kunden geschieht empirischen Untersuchungen zufolge zumeist stillschweigend, weshalb die von einer derartigen Abwanderung betroffenen Unternehmen in der Regel keine Chance besitzen, sich mit den Gründen dieser Unzufriedenheit auseinander zu setzen und diese eventuell zu beseitigen. Neben der Abwanderung liegt eine weitere Reaktionsmöglichkeit für Kunden in der Kommunikation ihrer Unzufriedenheit, die grundsätzlich zwei verschiedene Richtungen aufweist: zum einen durch Mund-zu-Mund-Werbung über Bekannte/Verwandte in die Richtung anderer (potenzieller) Unternehmenskunden, zum anderen durch Beschwerden direkt an das betroffene Unternehmen.

Negative, auf den Bekannten- und Verwandtenkreis zielende Mund-zu-Mund-Werbung (die nach empirischen Untersuchungen in größerer Intensität als positive Mund-zu-Mund-Werbung erfolgt) entzieht sich, wie die stillschweigende

Abwanderung, dem Einfluss des betroffenen Unternehmens. Während bei der Abwanderung jedoch nur die (Folge-)Umsätze eines Kunden ausfallen, können durch negative Mund-zu-Mund-Werbung auch andere (potenzielle) Kunden davon abgehalten werden, bei diesen Unternehmen (wieder) zu kaufen. Auch diese Erscheinung muss im Marketing-Controlling uneingeschränkt entsprechende Berücksichtigung finden.

Die von einem unzufriedenen Kunden auf das Unternehmen zielende Kommunikation in Form einer eingehenden Beschwerde ist daher als überaus positiv zu werten. Der Kunde artikuliert nicht nur seine mit dem Leistungsergebnis oder mit einzelnen Leistungserstellungskomponenten des Unternehmens bestehende Unzufriedenheit, sondern zugleich seinen Wunsch nach Wiederherstellung seiner Zufriedenheit. Er bietet dem Unternehmen damit die Chance, seine situative Unzufriedenheit in Zufriedenheit umzuwandeln und die Möglichkeit, eine von ihm etwa ausgehende negative Mund-zu-Mund-Werbung zu verhindern und in eine positive Mund-zu-Mund-Werbung umzuwandeln. Darüber hinaus liefert der sich beschwerende Kunde dem Unternehmen wertvolle Hinweise auf Unzulänglichkeiten im Leistungserstellungsprozess des Unternehmens, die etwa als Beitrag für eine Optimierung von Geschäftsprozessen dienen können.

Empirische Befunde belegen, dass Unternehmen, die besonders konsequent bei der Umsetzung von Strategien zur Steigerung der Kundenzufriedenheit vorgehen, ihre Gewinne und Renditen weit drastischer erhöhen können als ihre in der Branche diesbezüglich nur durchschnittlichen Mitbewerber. Die Rentabilität eines Kunden hängt von der Intensität der Kundenbindung und den daraus resultierenden Unternehmensgewinnen pro Jahr der Bindung ab. Im Folgenden werden die Erlöse und die Kostenseite von Unternehmen betrachtet, aus denen diese Gewinne naturgemäß hervorgehen.

Steigende Erlöse ergeben sich nach dem Erstkauf aus Wiederholungs- und Cross-Selling-Käufen sowie aus der durch das Empfehlungsverhalten und der unter Umständen aus der Mund-zu-Mund-Werbung von Kunden resultierenden Neukundengewinnung. Daneben weisen zufriedene Kunden tendenziell die Bereitschaft auf, für höhere Qualität auch höhere Preise zu zahlen. Erst-, Wiederholungs- und Cross-Selling-Käufe (zu eventuell höheren Preisen) bilden dabei die Basis des Customer Lifetime Value, den Unternehmen für sich durch möglichst langfristige Geschäftsbeziehungen zu maximieren versuchen. In diesem Zusammenhang ist darauf hinzuweisen, dass der Kundenwert ein überaus erfolgreiches

Kriterium für strategische Frühwarnsysteme von Unternehmen darzustellen vermag. Zum Teil wird mit der vom Kunden ausgehenden positiven Mund-zu-Mund-Werbung sogar die Auffassung begründet, dass sich die Zufriedenstellung eines Kunden selbst dann lohnt, wenn dieser selbst keine Wiederholungs- oder Cross-Selling-Käufe tätigt.

Im Hinblick auf die Kostenseite treten Ersparnisse durch geringere Akquisitionsaufwendungen, höhere Effizienz und verringerten Organisationsaufwand beim Bedienen »routinierter« Kunden auf. Dabei ist zu berücksichtigen, dass die Zufriedenstellung von Kunden in der Regel auch besondere Aufwendungen verursacht, die beispielsweise durch eine höhere Dienstleistungsqualität aufgrund erhöhter Qualitätssicherungskosten und/oder durch das Anbieten von nicht kostendeckenden Zusatzleistungen und Services entstehen können.

Festzuhalten bleibt, dass eine hohe Kundenzufriedenheit das Erreichen ökonomischer Zielsetzungen von Unternehmen nachhaltig unterstützen kann, dass es dabei jedoch gleichzeitig die Aufwendungen zur Erreichung dieser Kundenzufriedenheit zu berücksichtigen gilt. Insofern ist die Herstellung einer »maximalen« Kundenzufriedenheit in den meisten Fällen aufgrund der hohen Kosten zur Herstellung dieser Zufriedenheit betriebswirtschaftlich nicht vertretbar. Um in diesem Zusammenhang entsprechende Maßnahmen einleiten zu können, ist die Messung der Kundenzufriedenheit erforderlich, die im Folgenden beschrieben und kritisch analysiert werden soll.

Der Prozess der Messung der Kundenzufriedenheit lässt sich in drei Phasen gliedern:

▶ Qualitative Vorstufe

▶ Quantitative Hauptuntersuchung

▶ Prozess-Controlling

Bezieht man die Informationsfunktion des Controllings auf (potenziell) führungsrelevante Informationen, also solche, die Planungs-, Kontroll-, Organisations- und Personalführungsprozesse unterstützen sollen, so schließt dies heute zweifellos auch die Erfassung, Aufbereitung und Weitergabe von Kundenzufriedenheitswerten mit ein. Die dabei zu lösende Aufgabe lässt sich in zwei Teilbereiche unterteilen:

- ▶ Informationserfassung

- ▶ Informationsweitergabe

In diesem Zusammenhang sind folgende Aspekte der Informationserfassung zu beachten:

- ▶ Aussagefähigkeit

- ▶ Einheitlichkeit

- ▶ Richtigkeit

- ▶ Verlässlichkeit

- ▶ Funktionsfähigkeit

- ▶ Zeitnähe

Darüber hinaus müssen folgende Aspekte der Informationsweitergabe Berücksichtigung finden:

- ▶ Objektivität

- ▶ Nachvollziehbarkeit

- ▶ Benutzeradäquanz

- ▶ Problemadäquanz

Aus der Informationsfunktion des Marketing-Controllings ergibt sich die betriebliche Notwendigkeit zur Messung von Kundenzufriedenheit. Da Verfahren wie Kennzahlenanalysen (Umsatz, Marktanteil, Wiederkaufsrate) nur begrenzt Rückschlüsse auf die Kundenzufriedenheit zulassen, rücken für die Ermittlung der Zufriedenheit spezielle Messverfahren in den Mittelpunkt der folgenden Betrachtung.

Auf der Ebene der kundenorientierten Messansätze lassen sich die verschiedenen Verfahren grundsätzlich in objektive und subjektive Ansätze zur Messung der Kundenzufriedenheit einordnen. Die subjektiven Messansätze werden dabei weiterhin in ereignisorientierte und in merkmalsorientierte Verfahren klassifiziert.

Zu den objektiven Messverfahren gehören insbesondere Expertenbeobachtungen (nichtteilnehmende Beobachtung einer Leistungserstellung durch geschulte Experten) sowie das Mystery-Shopping-Verfahren (auch Silent Shopping, Secret Shopping oder Mystery Customer genannt), eine teilnehmende, verdeckte Beobachtung durch Testkäufer, welches unter anderem von der Stiftung Warentest bei Testkäufen eingesetzt wird.

Bei ereignisorientierten Messverfahren eines subjektiven Ansatzes werden mit teilstrukturierten Fragen spezifische Merkmale von beobachteten Leistungen ergründet. Dabei geht es vor allem um die Erkennung kritischer Kontaktereignisse im Sinne besonders negativer oder positiver Vorfälle im Rahmen von Leistungserstellungsprozessen. Zu den Vorteilen dieses Ansatzes gehört die Problemorientierung aus Kundensicht, da durch Auswertung von geschilderten Ereignissen konkrete Stärken und Schwächen des Leistungserstellungsprozesses aus Kundensicht erkannt werden. Die auf diese Weise geschilderten Merkmale beschreiben eine Leistung vollständig und sind relevant für die Zufriedenheit beziehungsweise für die Unzufriedenheit der betreffenden Kunden. Die Nachteile dieses Verfahrens liegen im hohen Zeit- und Kostenaufwand für die Erhebung.

Zu den ereignisorientierten Messverfahren zählt als ungestützte Methode das Story-Telling, bei dem Kunden ihre Erlebnisse mit dem Anbieter ohne konkrete Fragestellungen unstrukturiert schildern; daneben können gestützte ereignisorientierte Evaluationen unter anderem mittels der Critical Incident Technique und der sequenziellen Ereignismethode erfolgen.

Bei merkmalsorientierten Messverfahren eines subjektiven Ansatzes baut die Entwicklung von spezifischen, attributorientierten Fragebögen grundsätzlich auf den Ergebnissen des qualitativen ereignisorientierten Ansatzes auf. Durch explizite oder durch implizite Gewichtungsverfahren können relevante Merkmale von Leistungen festgestellt und kann die Zufriedenheit mit diesen Merkmalen ermittelt werden. Die explizite Gewichtung erfolgt dabei durch mehrwertige Skalen, Rankingverfahren, die Verteilung einer festgelegten Punktsumme auf die einzelnen Merkmale, die Festlegung einer Prioritätenliste durch den Kunden oder durch die Kärtchentechnik; dagegen erfolgt eine implizite Gewichtung der Bedeutung einzelner Merkmale durch statistische Verfahren im Zuge der Auswertung der Untersuchungsergebnisse. Die methodische Grundlage für den Kerngedanken des merkmalsorientierten Messansatzes bildet das Multiattributmodell, nach dem die Kombination von Einzeleindrücken die gesamte Kundenzufriedenheit mit einer Leistung darstellt.

Zu den merkmalsorientierten Verfahren zählen insbesondere SERVQUAL sowie die SIMALTO-Plus-Technik. Das – auch international – wohl bekannteste, gleichzeitig allerdings auch äußerst umstrittene Modell ist das Messinstrument SERVQUAL (service und quality). Es arbeitet mit einer Doppelskala. Im Gegensatz zur Einfachskala werden dabei vor Inanspruchnahme einer Leistung die Erwartungen des Kunden erhoben (Sollsituation); danach werden diese mit den Erfahrungen nach der Inanspruchnahme verglichen. Basierend auf Daten aus vier Dienstleistungsbranchen (Kreditkartenunternehmen, Banken, Reparaturwerkstätten und Telekommunikationsanbieter) wurden fünf Dimensionen der Dienstleistungsqualität generiert (tangibles, reliability, responsiveness, assurance, empathy) und in einem standardisierten Fragebogen operationalisiert. Methodisch wird von vielen Fachleuten neben dieser Standardisierung vor allem der Einsatz der Doppelskala als sehr kritisch angesehen.

Die SIMALTO-Plus-Technik (Simultaneous Multi Attribute Level Trade Off-Ansatz) war ursprünglich als ein Erhebungsverfahren zur Feststellung optimaler Produkteigenschaften entwickelt worden; sie wird heute vielfach auch zur Evaluation einer Produkt- und Dienstleistungsqualität eingesetzt. In einem ersten Schritt werden Tableaus erstellt; diese enthalten die relevanten Merkmale der zu beurteilenden Leistung. Die eigentliche Erhebung beginnt dann damit, dass den Befragten dieses Tableau mit der Aufforderung vorgelegt wird, darin die Bereiche festzulegen, die für sie unakzeptable Leistungsniveaus darstellen. Im selben Tableau sollen sie daraufhin die Merkmalsausprägungen kennzeichnen, die sie grundsätzlich erwarten würden. Anschließend werden die Befragten aufgefordert, die Qualitätswahrnehmung bezüglich konkreter Anbieter – wiederum mit Hilfe desselben Tableaus – zu bewerten. Im dritten und letzten Schritt werden sie gebeten, Veränderungsempfehlungen für ihre jeweils bevorzugte Marke/Firma abzugeben und gleichzeitig durch eine einfache Rangreihung die Priorisierung dieser Maßnahmen anzugeben. Die Interpretation der Befragungsergebnisse erfolgt in der Regel durch die grafische Interpretation des Tableaus beziehungsweise durch eine Stärken-Schwächen-Analyse der untersuchten Unternehmen unter Einbeziehung des Erwartungsniveaus.

Eine Bewertung der hier aufgeführten, grundsätzlich unterschiedlichen Untersuchungsverfahren ergibt, dass sich ereignisorientierte Messansätze am besten für Messungen in Ausnahmesituationen und zur Ermittlung relevanter spezifischer Leistungskomponenten eignen, die mit merkmalsorientierten Ansätzen nicht zu ermitteln sind. Merkmalsorientierte Ansätze eignen sich daher eher zur Abfrage der Routinequalität und für den Aufbau von Vergleichen im Rahmen zeitorientierter Betrachtungen, wobei die Vorteile dieser Verfahren – als standardisierte Messinstrumente – in der Verwendungsfreundlichkeit sowie der Zeit- und Kostenersparnis gegenüber ereignisorientierten Messansätzen liegen.

Die Verfahren zur Messung von Kundenzufriedenheit können auf unterschiedlichen Ebenen ansetzen: Im mikroökonomischen Bereich beginnt die Betrachtung der Zufriedenheit mit individuellen Leistungsbeziehungen auf der Ebene einzelner Netzpunkte (Außendienstmitarbeiter, Filialen) und kann über die Ebene regionaler Vertriebsgebiete (Bundesländer, Inland, Ausland) zu einer Gesamtbetrachtung für ein Unternehmen verdichtet werden. Zusammenfassungen von Unternehmenswerten ergeben Branchenindices, die auf die makroökonomische Ebene übertragen dann nationale Zufriedenheitswerte ergeben, zum Beispiel das Deutsche Kundenbarometer.

Nach der bisher isolierten Messung der Kundenzufriedenheit hat nun durch das Marketing-Controlling die Bestimmung des Zusammenhanges zwischen Kundenzufriedenheit und Kundenbindung zu erfolgen. Hierfür sind in der betriebswirtschaftlichen Forschung Methoden entwickelt worden, die den kausalen Zusammenhang zwischen diesen Konstrukten bestimmen. Eine Methode ist dabei der Lisrel-Ansatz der Kausalanalyse, bei dem im ersten Schritt zwei oder mehrere Konstrukte – wie hier die Kundenzufriedenheit und die Kundenbindung – zunächst getrennt gemessen werden. Dazu werden Messindikatoren für die einzelnen Konstrukte verwendet. Anschließend erfolgt die Messung des Zusammenhanges zwischen Kundenzufriedenheit und Kundenbindung, die das Marketing-Controlling über Rückrechnung aus den Korrelationen der einzelnen Messindikatoren beider Konstrukte vornehmen kann. Im Ergebnis erhält man die Stärke des kausalen Zusammenhanges zwischen Kundenzufriedenheit und Kundenbindung.

Vor der Ableitung von Handlungsempfehlungen für Unternehmen ist es zusätzlich erforderlich, dass das Marketing-Controlling neben der Stärke des Zusammenhanges auch die Einflussfaktoren auf die Beziehung zwischen Kundenzufriedenheit und Kundenbindung ermittelt. Dies ist bei dem oftmals schwachen Zusammenhang zwischen Kundenzufriedenheit und Kundenbindung besonders relevant. Nur durch die Kenntnis über die Stärke des Zusammenhanges zwischen der Kundenzufriedenheit und der Kundenbindung sowie über die Einflussfaktoren ist eine präzise Ableitung von konkreten Marketing- beziehungsweise Kundenbindungsmaßnahmen möglich. Pohl und Dahlhoff (1998) kommen in diesem Zusammenhang zu folgenden Erkenntnissen:

Besteht ein starker Zusammenhang zwischen Kundenzufriedenheit und Kundenbindung, so ist die Zufriedenheit als Indikator für die Kundenbindung heranzuziehen. Ist einem Unternehmen dieser Zusammenhang bekannt und besteht noch Verbesserungsbedarf, dann sind zufriedenheitssteigernde Maßnahmen ein effizientes Mittel zur Erhöhung der Kundenbindung.

Bei einem schwachen Zusammenhang zwischen den beiden Konstrukten ist es erforderlich, sich mit den Einflussfaktoren zu befassen. Dies gilt hauptsächlich in solchen Fällen, in denen Kunden zwar mit der Anbieterleistung zufrieden sind, aber dennoch zu einem Konkurrenten wechseln. In diesem Fall ist die Anwendung von speziellen Kundenbindungsinstrumenten, wie zum Beispiel Kundenclubs, Kundenkarten oder Bonusprogrammen, sinnvoll. Diese müssen dabei so konzipiert sein, dass sie den Kunden einen Zusatznutzen über das eigentliche Kernangebot hinaus zu liefern vermögen und damit die Bindung der Kunden an das Unternehmen erhöhen.

Zum schwachen Zusammenhang zwischen den beiden Konstrukten, das heißt hohe Kundenbindung trotz geringer Zufriedenheit, wird darauf verwiesen, dass ein Risiko vorhanden ist, wenn Unternehmen in einer solchen Situation keine Maßnahmen zur Verbesserung der Kundenzufriedenheit ergreifen. Es entsteht die Gefahr, wenn sich für die Kunden plötzlich Wechselmöglichkeiten zu anderen Anbietern ergeben, wie zum Beispiel durch die Reduzierung von Wechselbarrieren; diese Kunden werden bei geringer Zufriedenheit mit dem bisherigen Anbieter tendenziell wohl schneller wechseln. Aus diesem Grunde sollten die Unternehmen – wie bereits erwähnt – hohe Kundenbindung bei geringer Zufriedenheit vermeiden und Maßnahmen zur Erhöhung der Kundenzufriedenheit einleiten. Die Zufriedenheitsanalysen sollten vom Marketing-Controlling so gestaltet werden, dass später zwischen zwei Gruppen von Faktoren unterschieden werden kann. Eine Gruppe von Faktoren wird von den Kunden als Grundanforderung angesehen, und die andere Gruppe soll zu einer Begeisterung der Kunden führen.

Die erste Gruppe von Faktoren wird als Hygienefaktoren bezeichnet. Beispiele hierfür sind etwa die Korrektheit einer Telefonrechnung, die Sicherheit der Stromversorgung oder die Funktionsfähigkeit eines Geldautomaten. Bei einer hohen Anbieterleistung solcher Faktoren wird lediglich eine Grundzufriedenheit bei den Kunden erzeugt. Hingegen führt eine schlechte Leistung wie eine fehlerhafte Rechnung, eine Unterbrechung der Stromversorgung oder ein nicht funktionierender Geldautomat zu starker Unzufriedenheit. Bei diesen Faktoren ist deswegen eine optimale Leistung anzustreben.

Die zweite Gruppe sind die Begeisterungsfaktoren. Sie werden von den Kunden nicht als gegeben vorausgesetzt. Daher führt eine schlechte Anbieterleistung nicht unbedingt zur Unzufriedenheit. Dagegen bewirkt eine gute Leistung hohe Zufriedenheit. Aus dieser Sicht sind zur Steuerung der Kundenzufriedenheit Hygiene- und Begeisterungsfaktoren gleichzeitig Beachtung zu schenken.

Die vorstehenden Ausführungen bezüglich einer Feststellung einer Kundenzufriedenheit beziehungsweise einer Kundenbindung haben deutlich werden lassen, dass einem diesbezüglichen Marketing-Controlling zwar unterschiedliche Instrumente zur Verfügung stehen, diese jedoch – nicht zuletzt im Hinblick auf ihre Komplexität – zum Teil gravierende Schwächen aufweisen, so dass hier noch großer Handlungs- beziehungsweise Anpassungsbedarf in der Praxis besteht.

5.2 Kriterien und Methoden in der Erfolgsmessung

Beitrag von Dr. Michael Barz,
Consultant Business Development bei einem internationalen Versicherungskonzern
und Dr. Alexander Kracklauer,
Verkaufsleiter Procter & Gamble Deutschland

Der Einsatz von moderner Informations- und Kommunikationstechnologie (IuK) erlaubt eine effiziente Messung der Kundenbeziehung. Der entscheidende Vorteil, den das Customer Relationship Management im Internet in sich birgt, ist die Möglichkeit der Nutzung digitaler Online-Daten. Diese stehen zeitnah (oder sogar in Realtime) zur Verfügung und können durch den fehlenden Medienbruch (unterschiedliche Daten in einem Medium abrufbar) direkt weiterverarbeitet werden. Neben Marketingplanung und Operationalisierung kann auch die Marketingkontrolle strategischer Plangrößen verifiziert und gegebenenfalls per Feedback-Loop wiederum die Marketingplanung optimiert werden.

User-Tracking

Jeder Anbieter versucht, Internetnutzer auf die eigenen Webseiten zu lenken und dort zur regelmäßigen Wiederkehr zu bewegen. Die Loyalität der Besucher wie auch der Online-Umsatz sollen also nachhaltig gesteigert werden. Ziel des User-Trackings ist es, die Nutzung einer Website zu analysieren.

Unter dem Begriff des User-Trackings wird die Analyse von Logfiles unter Zuhilfenahme einfacher statistischer Auswertungen verstanden. Wir möchten in diesem Beitrag jedoch über das Web-Tracking hinausgehen, da es im Vergleich zu Offline-Medien nicht nur möglich ist, das Nutzerverhalten auf einem Web-Marktplatz zeitnah aufzuzeichnen. Darüber hinaus ist es möglich, die derart gewonnenen Daten mit denen weiterer Datenquellen zu integrieren. Dies betrifft sowohl interne als auch externe sowie Offline-Datenquellen. Die so gewonnene und konsolidierte Datenbasis kann nachfolgend analysiert werden. Durch die Anwendung von Data Mining-Techniken kann das verfügbare Kundenwissen genutzt und zu einem strategischen Asset für das Unternehmen werden. Bislang nutzen weniger als 20 % aller Webgeschäfte Tracking-Möglichkeiten im Sinne von Data Mining. Dies verwundert, da »nur jene Dinge, die man auch effektiv misst, erledigt oder verbessert werden«, so der CEO von ABB.

Maßzahlen und Kennziffern

Im Rahmen des vorliegenden Beitrages kann nur ein Ausschnitt aller möglichen (qualitativen und quantitativen) Kennziffern und Maßzahlen vorgestellt werden. Ausgewählt wurden in der Praxis verbreitete Werte und Kennziffern sowie jene, die aus unserer Sicht eine Verbesserung der Datenbasis darstellen. Für eine hohe Relevanz der ausgewählten Werte ist es jedoch erforderlich, einen sinnvollen Abgleich zwischen den aus technischer Sicht darstellbaren sowie den fachlich erwünschten Kennziffern herzustellen.

Ein Kunde durchläuft typischerweise drei Stadien: In der Informationsphase fragt der Benutzer Produkt- und Serviceinformationen ab, in der Kommunikationsphase stellt er den Kontakt zu potenziellen Anbietern her. Sollten die ersten beiden Phasen erfolgreich verlaufen sein, kann es schließlich zu einer Online-Kauftransaktion kommen. Während jeder dieser drei Internet-Aktivitäten werden mit jeder Anfrage Werte auf verschiedenen Datenbanken aufgezeichnet. Bei dieser großen Anzahl verschiedener Datenquellen ist es erforderlich, eine Analyse der

Daten im Verbund durchzuführen, um Aufschluss über das Nutzerverhalten zu bekommen:

Aktivität bzw. Intention	Datenquellen
Information	Logfiles Session-IDs Cookies Login-Protokolle
Kommunikation	E-Mail Formulareinträge Sucheingaben Chatbeiträge
Kauftransaktion	Bestell- und Kaufvorgänge

Tabelle 5.1 Quellen für Kundendaten bei Internetnutzung (i.A.a. Bachem, C., 1999)

Aus den unterschiedlichen Datenquellen können diverse Maßzahlen und Kennziffern erstellt werden, die nachfolgend analysiert und ausgewertet werden. In der folgenden Tabelle sind Werte dem Werbeträger (Website), der einzelnen Webseite sowie dem Werbemittel zugeordnet.

Betrachtungsebene	Werbeträger	Webseite	Werbemittel
Maßeinheit	Website	Website-Bereich bzw. Einzelseite	Werbeseite eines Sponsors (insbes. AdBanner)
Traditionelle Werbemaße	Reichweite, Frequenz	Frequenz, Hits	Recall Recognition
Bekannte Kontaktmaße	Anzahl der Hits/ Visits pro Tag Kennziffern auf Basis der Hits und Visits	Anzahl Hits/ Visits pro Tag	Anzahl Werbeseitenaufrufe/ Visits pro Tag

Tabelle 5.2 Maßgrößen im Internet (i.A.a. Hoffman, D.; Novak, T.P., 1996)

Betrachtungsebene	Werbeträger	Webseite	Werbemittel
Neue Kontaktmaße	Exposure Duplication Reach Frequency	Page Exposures Page Reach Page Frequency	AdBanner Exposures Target Ad Exposures AdBanner Reach Target Ad Reach Duplication AdBanner-Frequenz AdBanner Visit-Frequenz Target Ad Frequenz
Interaktionsmaße	Visit Duration Time Inter-Visit Duration Raw Visit Depth Visit Depth	Page Duration Time	AdClick-Through AdClick-Through Rate AdClick-Through-Frequenz AdClick-Through Duplication AdBanner Duration Time

Tabelle 5.2 Maßgrößen im Internet (i.A.a. Hoffman, D.; Novak, T.P., 1996)

An dieser Stelle wollen wir nicht alle möglichen Daten und Maßzahlen im Einzelnen bewerten. Stattdessen konzentrieren wir uns auf die wichtigsten unter ihnen, wobei im Internet zwischen site-bezogenen, werbebezogenen, benutzerbezogenen Maßzahlen sowie Kennziffern unterschieden werden kann:

▶ **Site-bezogene Messwerte**

▶ Hits: Sie geben an, wie viele Einzeldateien abgefragt worden sind, seien es nun HTML-Seiten, Grafiken o.Ä. Als alleinige Größe sind Hits zu unscharf, um wichtige Schlüsse aus ihnen ziehen zu können.

▶ Page Views/Page Impressions: Anzahl der abgerufenen Einzelseiten, wobei angenommen wird, dass die Summe aller Page Views die Attraktivität widerspiegelt. Nur Content-Seiten sollten gezählt werden.

▶ Problem: Alle Nutzer werden gleich erfasst, d.h., der Börseninvestor mit einem Portfolio von bereits $1 Mio. wird genauso gezählt und werbetechnisch bearbeitet wie der Student, der sich lediglich für einen kurzen Chat im Web aufhält.

▶ Analyse von Fehlerlogs: Optimierung einer Website durch Auswertung von Fehlercodes

▶ Visits: Zusammenhängende Besuche einzelner Benutzer auf einer Website, d.h. Besichtigung einer oder mehrerer Webseiten des Angebotes einer Site. Mit Visits wird u.a. der Werbeträgerkontakt gemessen.

► **Werbebezogene Messwerte**

  ► AdView: Potenzielle Wahrnehmung (Sicht) eines bestimmten AdBanners

  ► Banner-Clicks: Anzahl der Nutzung des jeweiligen AdBanners

  ► Exposure Duplication: Anteil der Besucher, die einen Werbebanner mehrmals sehen

  ► Frequency: Frequenz, mit der User derselben Werbemeldung wiederholt ausgesetzt wird

  ► Reach: Reichweite einzelner Webseiten; gezählt wird die Anzahl aller zufällig ausgewählten Besucher einer bestimmten Webseite. Der Wert wird gern genutzt, um Werbefläche zu verkaufen, obwohl er sehr breit und unspezifisch ist.

► **Benutzerbezogene Messwerte**

  ► Referring Pages: Von welcher Website kam der User, und wohin ging er, als er die Website wieder verlassen hat?

  ► Entry und Exit Pages: Einstiegs- und Ausstiegsseiten sagen einiges darüber aus, wie Benutzer auf die Website gelangt sind, welche Suchmaschine und Suchwörter sie benutzt haben, und wo und warum sie nach wie viel Zeit (Time per Visit) die Website wieder verlassen haben.

  ► View Time, auch Length of Stay oder Time per Visit: Dauer eines Besuches auf einer einzelnen Seite bzw. dem gesamten Angebot einer Site

  ► Analyse des gesamten Navigationsmusters des Benutzers

  ► E-Mails: Anzahl und u. U. auch Inhalt der über die Webseite verschickten E-Mails als Indiz für die Aktivität des Besuchers

  ► Cookies sowie Benutzerprofil: Das Anmeldeformular bei bestimmten Websites (insbesondere bei Portalen) gibt wichtige Hinweise zur Person des Besuchers und dem Segment, dem er zugeordnet werden kann.

► **Kennziffern**

Aus den bisher genannten Größen können bestimmte Kennziffern berechnet werden. Im Mittelpunkt der Bewertung stehen die Qualität (Quantität) hinsichtlich der Information, der Kommunikation sowie der Interaktion (Transaktion):

► Return on Investment (RoI): Maßgröße zur Bestimmung der Effektivität der Werbeaktivitäten, bei der a) der Gewinn pro eindeutig identifizierbarem Benutzer (unique user) ermittelt wird und b) zum Verlust pro eindeutig identifizierbarem Nutzer ins Verhältnis gesetzt wird. Es sollte immer beachtet werden, dass Off- und Online-Aktivitäten sich gegenseitig beeinflussen, d.h., von der Werbeaktivität im Internet profitiert der Offline-Bereich und vice versa.

► Page Impressions per Visit: Intensität der Nutzung der Website pro Besuch. Sie erlaubt es zusammen mit der Analyse der gesamten Navigation eines Besuchers, einzelne Seiten sowie die gesamte Website zu optimieren, insbesondere wenn analysiert wird, wie lange Besucher auf einzelnen Seiten verweilen und von welchen Seiten aus die meisten (wenigsten) Transaktionen eingeleitet werden etc.

► CTR (Click-Through-Rate): Prozent der User, die auf einen Banner geklickt haben und so zu einem bestimmten Produktangebot geführt worden sind. Die CTR sagt weder etwas aus über die Ausprägung des Interesses von Besuchern an dem gezeigten Angebot noch über die zu erwartenden Folgeaktivitäten des Besuchers.

► TKP (auf Englisch: CPM): Der Tausenderkontaktpreis ist eine Werbewirkungskennziffer. Alternativ hierzu werden auch Fixpreise für Werbebanner berechnet.

► Cost per (Ad)Click: Kosten pro Klick auf einen AdBanner. Die Aussagekraft dieses Wertes ist begrenzt, da letztlich erst die realisierten Kauftransaktionen die Werbeausgaben rechtfertigen.

► Cost per Visit: Gesamte Kosten pro Besuch

► Cost per Order (CPO): Kosten pro Bestellung

► Cost per (unique) Customer: Durchschnittliche Kosten pro Kunde bzw. Kosten pro Kunde, der eindeutig zu identifizieren ist

- Cost per Transaction: Kosten pro Transaktion, d.h. Werbekosten, Logistik etc. Dieser Wert kann pro Besucher oder pro eindeutig identifizierbarem (unique) Besucher angegeben werden.

- Conversion Rate: Konversions-/Kaufrate, d.h. der Prozentsatz der User, die die Website erst mit einer Kauftransaktion verlassen haben.

- Unique Visitors: Anzahl der eindeutig identifizierbaren Besucher, die – falls vorhanden – über ihre feste, persönliche Internet-(IP-)Adresse bzw. durch ein Anmeldeformular kenntlich gemacht werden können. Das Wissen um diese Personen erleichtert eine zielgruppenspezifische Ansprache der Benutzer (Kunden).

- Umsatz pro (unique) Besucher: Realisierte Verkaufszahlen pro Besucher auf einer bestimmten Webseite bzw. über die gesamte Website gesehen. Als Basis können alle Besucher oder lediglich die unique Users herangezogen werden.

Um die eigene Website zu promoten, sollten neben Bannern immer noch weitere, komplementäre Werbemittel genutzt werden. Unter anderem ist das bereits erwähnte Opt-in E-Mail, etwa in Form von Newslettern, zu nennen. Es ist gezeigt worden (z.B. Wilson, 1999), dass eine höhere Click-Through Rate insbesondere auf das Positionieren von Annoncen (Hyperlinks) in eben solchen E-Mail-Newslettern zurückzuführen ist. In jedem Fall wird der Information Overload der Kunden durch das Überangebot an AdBanners dafür sorgen, dass zunehmend mehr auf Qualität als auf Quantität geachtet wird.

Obwohl immer noch viele Web-Analysewerkzeuge Werte wie die Anzahl der Hits und damit den generierten Traffic hervorheben, ist letztendlich die Conversion Rate (s.o.) die entscheidende Größe, falls das Unternehmen E-Commerce betreibt. Zwar müssen möglichst viele Besucher auf eine Website geleitet werden. Dies allein ist jedoch nicht ausreichend, da sich der Erfolg eines Webauftritts an langfristigen, profitablen Kundenbeziehungen orientiert, die entsprechend viel Umsatz generieren müssen und zugleich viele Stammkunden erbringt (Repeat Visits). Es ist notwendig, den Lifetime Value eines jeden Kunden (bzw. einer jeden Kundengruppe) zu bestimmen, um die eigenen Kräfte zu bündeln und damit die lukrativsten Kunden(-gruppen) besser bearbeiten zu können. Der Personalisierung des eigenen Webangebots kommt hierbei eine tragende Rolle zu. Dies geschieht im Rahmen der Umsetzung eines konsequenten Customer Relationship Managements.

Wichtige Kunden haben ein Interesse am Aufbau einer Beziehung:

▶ Sie verweilen lange Zeit auf der Website (Time per Visit/Page Impression).

▶ Sie verhalten sich loyal (hohe Retention Rate).

▶ Sie sind sehr transaktionsorientiert (die Conversion Rate ist sehr hoch).

Konsequenterweise ist bei diesen eindeutig identifizierbaren (unique) Kunden auch der RoI (earnings/costs per unique identifiable user) sehr viel höher als bei anderen Kundensegmenten. Darüber hinaus ist die Quote der regelmäßig wiederkehrenden Besucher vergleichsweise höher.

Probleme mit der Datenqualität

Ein Problem stellt die Qualität der Daten dar, da diese die Aktionen der Besucher aus technischen Gründen z.T. nur verzerrt wiedergeben. In diesen Fällen lassen sich keine validen Kennzahlen erstellen. Dennoch kann zumindest eine ordinale Vergleichbarkeit zwischen den zu errechnenden Kenngrößen erzielt werden. Beispiele für die Probleme finden sich in Abbildung 5.1 und 5.2.

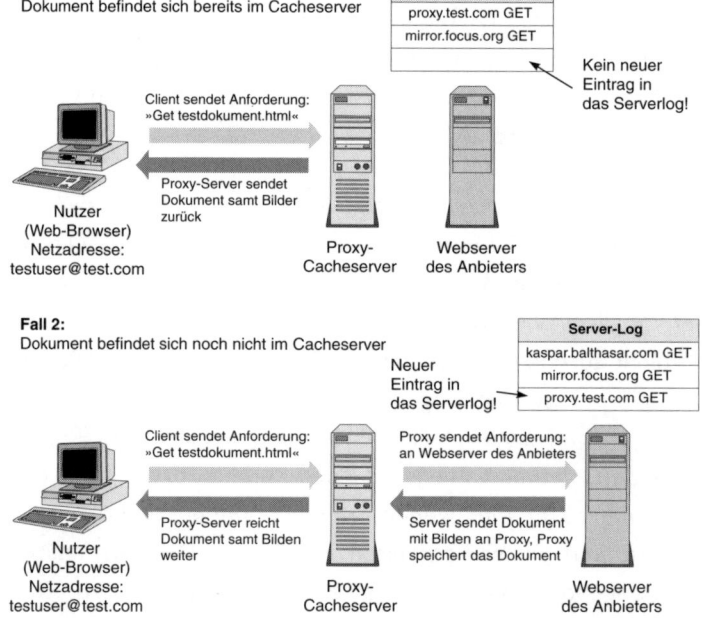

Abbildung 5.1 Proxy-Cache-Problematik (www.ivw.de)

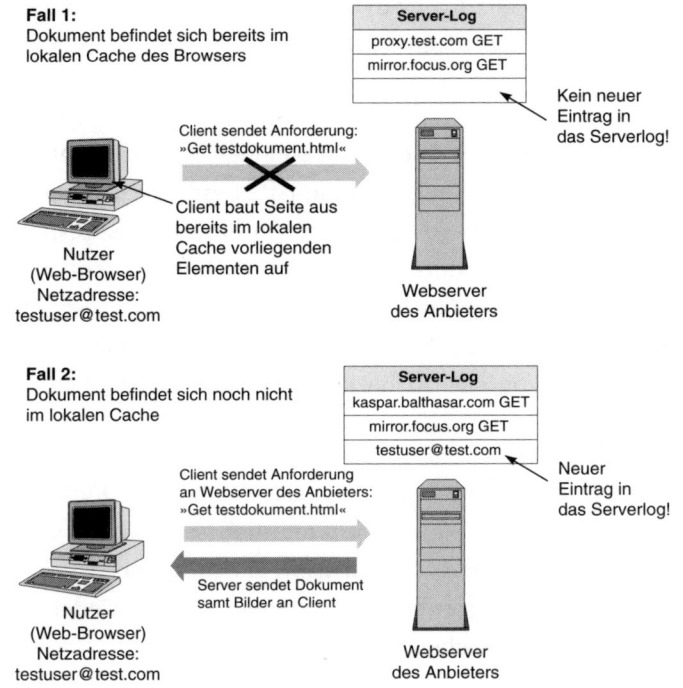

Fall 1:
Dokument befindet sich bereits im
lokalen Cache des Browsers

Server-Log
proxy.test.com GET
mirror.focus.org GET

Kein neuer
Eintrag in
das Serverlog!

Client sendet Anforderung:
»Get testdokument.html«

Client baut Seite aus
bereits im lokalen
Cache vorliegenden
Elementen auf

Nutzer
(Web-Browser)
Netzadresse:
testuser@test.com

Webserver
des Anbieters

Fall 2:
Dokument befindet sich noch nicht
im lokalen Cache

Server-Log
kaspar.balthasar.com GET
mirror.focus.org GET
testuser@test.com

Neuer
Eintrag in
das Serverlog!

Client sendet Anforderung
an Webserver des Anbieters:
»Get testdokument.html«

Server sendet Dokument
samt Bilder an Client

Nutzer
(Web-Browser)
Netzadresse:
testuser@test.com

Webserver
des Anbieters

Abbildung 5.2 Browser-Cache-Problematik (www.ivw.de)

Die Hauptschwierigkeit bei den abgebildeten Problemen ist, dass die User nicht immer vollständig gezählt werden. Suchmaschinen wie auch Internet Service Provider (ISP) setzen z.B. Software-Tools (so genannte Spider) ein. Wenn nun ein Besucher eine bestimmte Website abfragt, werden diese Webseiten vom ISP-Server (bzw. dem Server der Suchmaschine) heruntergeladen, dort gespeichert und danach auf den Browser des Besuchers weitergeleitet. Beim nächsten Zugriff eines beliebigen Users auf dieselben Webseiten wird nun direkt der Inhalt vom (Cache)-Speicher des ISP-Servers bzw. der Suchmaschine abgerufen, ohne dass eine Seitenanforderung an die originale Webadresse (URL) des Anbieters geht.

Durch diese Maßnahmen sollen Zugriffszeiten für den Kunden möglichst gering gehalten werden, um mehr Komfort beim Surfen zu bieten. Jedoch ergibt sich hieraus auch, dass mehrere Anforderungen ein und derselben Webseite (bzw. AdBanners) durch unterschiedliche Benutzer beim Anbieter lediglich als ein Aufruf gezählt werden. Das Gleiche gilt auch für die im Browser Cache des Users gespeicherten Seiten und AdBanner, so dass insgesamt nicht alle Zugriffe auf Webseiten sowie Page Impressions bzw. Page Views unverfälscht erfasst würden.

Abhilfe schafft z.T. die Einführung neuartiger AdBanners, die als eigenständiges, kleines Programm mit jedem Click neu aufgerufen und somit auch beim Anbieter automatisch mitgezählt werden.

Um Benutzer eindeutig identifizieren zu können, werden ihnen zur Identifikation von Webservern kleine Dateien (Cookies) auf ihre Festplatte geschrieben. Sollten User dies jedoch nicht akzeptieren, können sie jederzeit im Browser das Abspeichern von Cookies deaktivieren. Eine weitere Möglichkeit der Kundenidentifikation bieten Anmeldeformulare, wie sie etwa bei Portalen verwendet werden. Durch die Formulare wird es einfach, die Navigation sowie die Aktivitäten des Users nach dem Einloggen eindeutig nachzuvollziehen, um ein zielgruppengerechtes Angebot zu erstellen.

Noch schwieriger als in den zuvor genannten Fällen ist das Zählen jener Kunden, bei denen eine Firewall zwischen ihrem PC und dem Internet steht, da Firewalls prinzipiell für Cookies undurchlässig sind. Jedoch kann durch spezielle, Java-basierte Software die Firewall durchlässiger gemacht werden, so dass wiederum mehr Kundendaten generiert und gespeichert werden können.

6 Expertenbefragung: Status von CRM in der Konsumgüterwirtschaft

In einer Befragung via Online-Formular haben dreizehn Experten ihre Einschätzung zum Status von CRM in der Konsumgüterindustrie abgegeben. Die Ergebnisse dieser *nicht* repräsentativen Befragung sollen nur einige Tendenzen hinsichtlich der in den vorangegangenen Kapiteln beschriebenen Strategien und Instrumente von CRM in der Konsumgüterindustrie aufzeigen und sind insofern rein explorativ zu verstehen.

An dieser Befragung haben sowohl Experten von FMCG-Anbietern als auch von Gebrauchsgüterherstellern teilgenommen, so z.B. von *Procter & Gamble*, *Effem/ Masterfoods*, *Wella*, *Bahlsen* und *Philips*. Aus Gründen der Zusicherung von Vertraulichkeit werden hierzu an dieser Stelle keine weiterführenden Angaben gemacht.

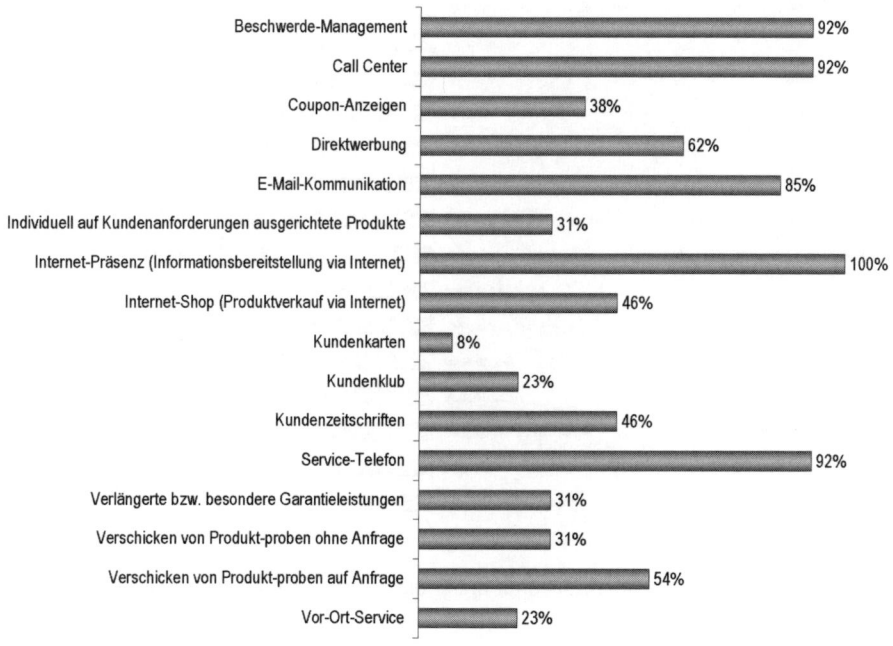

Abbildung 6.1 Einsatz von CRM-Instrumenten in der Konsumgüterindustrie heute

Im Folgenden wird die Zusammenfassung der Befragungsergebnisse dargestellt. Die erste Frage bezieht sich auf den Einsatz verschiedener Instrumente des CRM. Gefragt ist, ob das jeweilige Unternehmen eines oder mehrere der aufgeführten Instrumente bereits heute anwendet.

Von den befragten Unternehmen sind alle im Internet vertreten. Zusammen mit über 90 Prozent Einsatz von Service-Telefonen und Call-Center sowie über 80 Prozent Anteil der E-Mail-Kommunikation zeichnen sich die Grundzüge einer multimedialen Kommunikationsplattform bzw. CIC ab. Profitieren dürfte davon das mit rund 90 Prozent stark vertretene Beschwerdemanagement. Im Mittelfeld liegt mit Direktwerbung, Verschicken von Produktproben auf/ohne Anfrage, verlängerten/besonderen Garantieleistungen, Kundenzeitschriften, Internet-Shops, Coupon-Anzeigen sowie individuell auf Kundenanforderungen ausgelegten Produkten ein breit gefächertes Spektrum bereits eingesetzter CRM-Instrumente als ausbaufähige Basis vor.

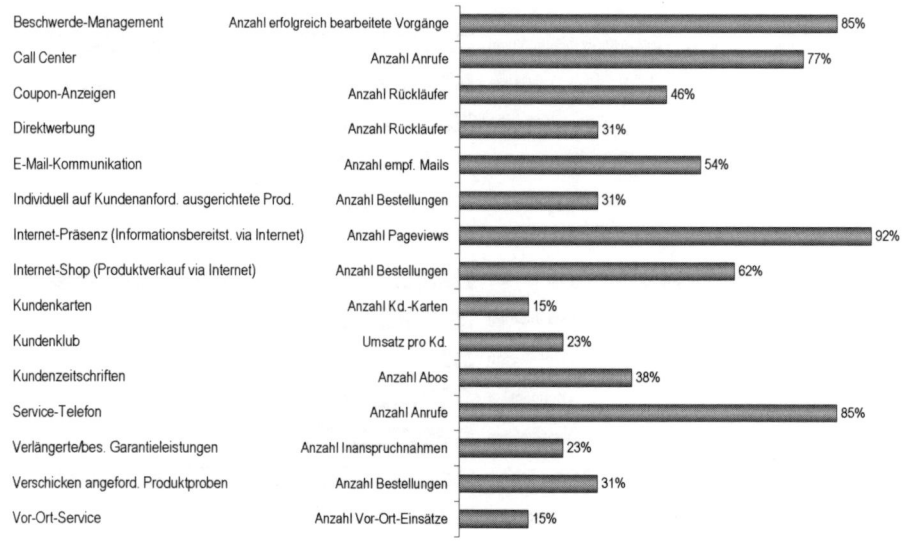

Abbildung 6.2 Einsatz von Kennzahlen für die Erfolgsmessung der eingesetzten CRM-Instrumente

Eher schwächer vertreten sind neben dem Vor-Ort-Service, der allerdings wohl nur für Gebrauchsgüter sinnvoll sein dürfte, die Kundenkarte sowie auch der Kundenclub, obwohl dieser im Konsumgüterbereich wie beschrieben durchaus effizienzsteigernd eingesetzt werden kann.

Die für die Erfolgsmessung der eingesetzten Instrumente verwendeten Kennzahlen analysiert die zweite Frage. Die hier vorgegebenen Kennzahlen werden entsprechend der Darstellung in Abbildung 6.2 eingesetzt.

Alternativ konnten zu den entsprechenden Instrumenten noch andere Kennzahlen und Kommentare angegeben werden. Diese sind Tabelle 6.1 zu entnehmen.

Beschwerde-management	Prozentsatz Tel., Fax, Mail, Gesamtziffer; direkte (techn.) Erreichbarkeit > 97 %; Antwort am gleichen Tag; externe Testagenturen messen Kundenzufriedenheit bzgl. fachl. Kompetenz der Mitarbeiter; Durchlaufzeit
Call-Center	Service-Level; direkte (techn.) Erreichbarkeit > 97 %; Antwort am gleichen Tag; externe Testagenturen messen Kundenzufriedenheit bzgl. fachl. Kompetenz der Mitarbeiter; Umsatz; Lieferservicegrad
Direktwerbung	Dubletten zu bestehenden Consumern; Umsatz/Ergebnis nach Kunden, Produktgruppen, Absatzrichtungen; Direktwerbung nur online per E-Mail
E-Mail-Kommunikation	Conversion; direkte (techn.) Erreichbarkeit > 97 %; Antwort am gleichen Tag; externe Testagenturen messen Kundenzufriedenheit bzgl. fachl. Kompetenz der Mitarbeiter; Conversion;
Individuell auf Kundenanforderungen ausgerichtete Produkte	Loyalty; Kunden-Feedback via Hotline oder Mail; Umsatz/Ergebnis nach Kunden, Produktgruppen, Absatzrichtungen/Rückmeldungen versch. Art
Internet-Präsenz (Informationsbereitstellung via Internet)	Unique Visits; Repeat; Duration; Kunden-Feedback via Hotline oder Mail; Rückmeldungen versch. Art; Conversion
Internet-Shop (Produktverkauf via Internet)	Value per Order; Kunden-Feedback via Hotline oder Mail; Vermittelte Konsumenten; Umsatz/Ergebnis
Kundenkarten	Kunden-Feedback via Hotline oder Mail
Kundenclub	Kundenfeedback via Hotline oder Mail
Kundenzeitschriften	Response-Quote; Kunden-Feedback via Hotline oder Mail

Tabelle 6.1 Weitere eingesetzte Kennzahlen zur Erfolgsmessung der CRM-Instrumente

Service-Telefon	in verschiedenen Einstufungen; Kunden-Feedback via Hotline oder Mail; Prozent Nuisance Calls; Erfolgreich bearbeitete Anfragen; Problemlösung beim ersten Anruf
Verlängerte bzw. besondere Garantie- leistungen	Kunden-Feedback via Hotline oder Mail

Tabelle 6.1 Weitere eingesetzte Kennzahlen zur Erfolgsmessung der CRM-Instrumente (Forts.)

Daten über Konsumenten werden der dritten Frage zufolge von 85 Prozent der befragten Unternehmen gespeichert. Gleichzeitig verfügen 62 Prozent über eine systematisierte Kundendatei, die eine individuelle Kommunikation ermöglichen kann.

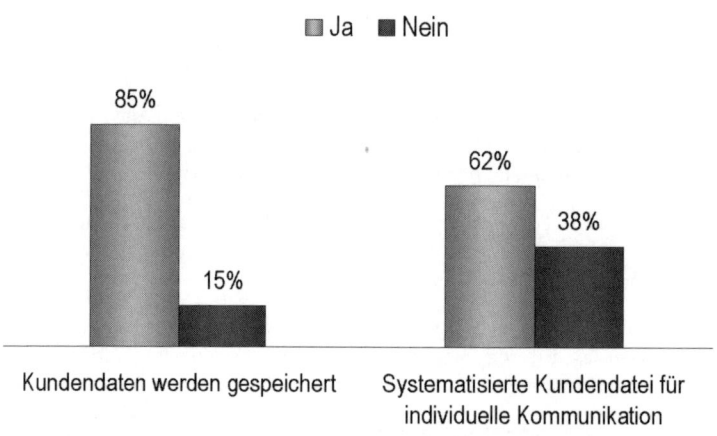

Abbildung 6.3 Anteile Kundendaten speichernder Unternehmen u. systematisierte Kunden- datei

Auf die Frage, ob das Unternehmen auch Produkte über das Internet verkauft, antworten 77 Prozent der befragten Experten mit Nein und 23 Prozent mit Ja. Hin- zuweisen ist hierbei darauf, dass unter der ersten Frage 46 Prozent der Befragten angeben, einen Online-Shop als CRM-Instrument einzusetzen. Hier liegt eine Dis- krepanz vor, die evtl. auf eine unterschiedliche Einstufung der Produkte zurückge- führt werden kann, wenn der Anbieter zwischen dem Verkauf von Produkten aus der Hauptleistung und anderen Angeboten, wie z.B. Merchandising-Artikel, unterscheidet.

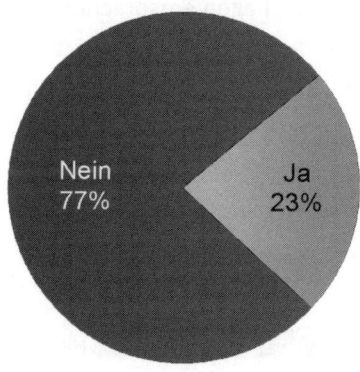

Abbildung 6.4 Anteile Produktverkauf via Internet

Des Weiteren ist gefragt, ob die Hersteller individuell für den Kunden auf seine Bedürfnisse ausgelegte Produkte anbieten. Dieses tun 31 Prozent der Befragten. Acht Prozent machen keine Angabe, und von den 61 Prozent, die keine individualisierten Produkte anbieten, geben 38 Prozent zu kleine Losgrößen, 50 Prozent den logistisch zu großen Aufwand als Begründung an. Weiterhin werden eine grundsätzliche Ausrichtung des Distributionskonzepts auf Handelspartner sowie eine Demo-/Beratungs-/Erklärungsnotwendigkeit als Begründung genannt.

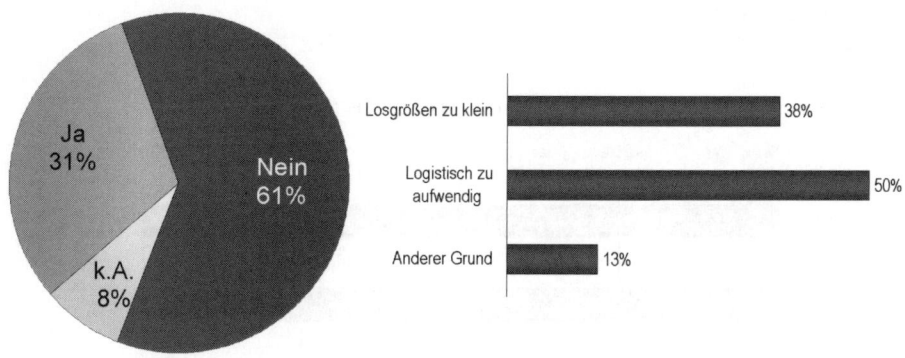

Abbildung 6.5 Angebot individuell für den Kunden auf seine Bedürfnisse ausgelegte Produkte

Von den Unternehmen, die zurzeit keine kundenindividuellen Produkte anbieten, können sich 20 Prozent ein solches Angebot aber für die Zukunft vorstellen. Keine Angaben machen dazu 50 Prozent. Von den 30 Prozent, die auch zukünftig keine Leistung dieser Art planen, nennen je ein Drittel als Grund einen zu geringen

Absatz sowie den logistischen Aufwand. Andere Gründe liegen entsprechend den o. g. in einer grundsätzlichen Ausrichtung des Distributionskonzepts auf Handelspartner sowie in einer Demo-/Beratungs-/Erklärungsnotwendigkeit.

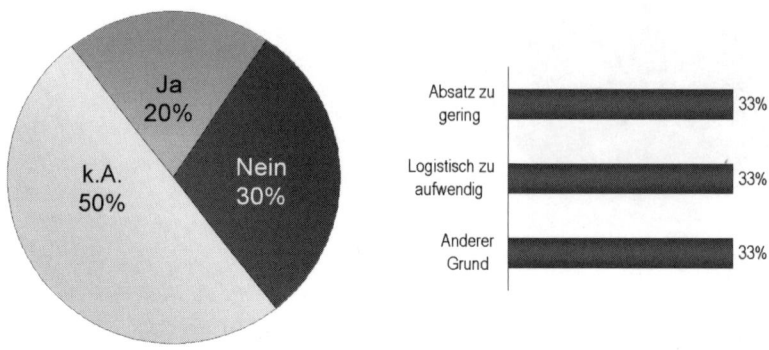

Abbildung 6.6 Vorstellbarkeit eines zukünftigen Angebots kundenindividueller Produkte

Mit der sechsten Frage wird um eine Einschätzung des Verhältnisses des Vertriebs via Internet gegenüber dem klassischen Vertrieb via Einzelhandel/Großhandel (EH/GH) gebeten. Der Anteil des Internets wird von den Befragten im Mittel auf 1,1 Prozent für heute, auf 3,7 Prozent in einem Jahr und auf 6,4 Prozent in zwei Jahren eingeschätzt.

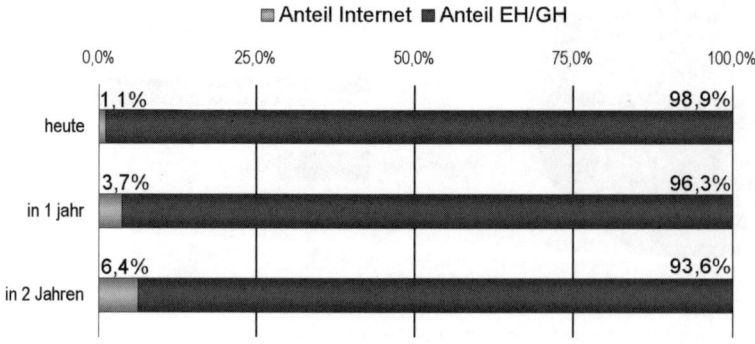

Abbildung 6.7 Einschätzung Vertriebsanteil Internet gegenüber Einzelhandel/Großhandel

Den Nutzen von CRM für die Konsumgüterbranche insgesamt bewerten 31 Prozent der Befragten mit sehr gut und 54 Prozent mit gut. Jeweils 8 Prozent sehen den Nutzen als befriedigend bzw. ausreichend an.

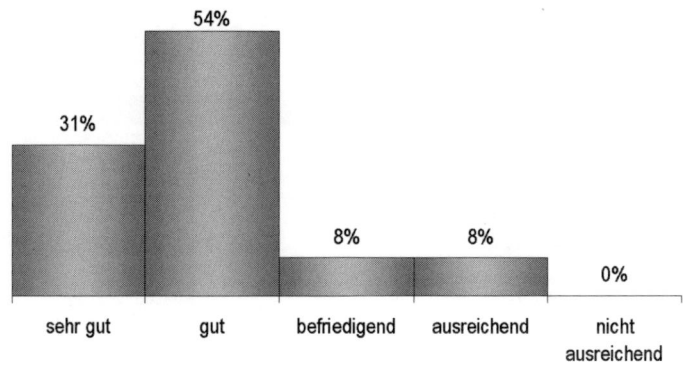

Abbildung 6.8 Nutzenbewertung von CRM für die Konsumgüterbranche

Die Wichtigkeit der individuellen Beziehung eines Unternehmens der Konsumgüterbranche zu jedem einzelnen Kunden stufen 15 Prozent als unverzichtbar ein. Als sehr wichtig bzw. wichtig wird eine solche Beziehung von jeweils 31 Prozent angesehen. Von 23 Prozent wird sie hingegen als weniger wichtig betrachtet.

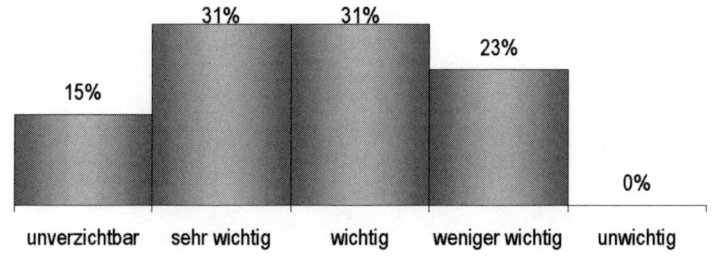

Abbildung 6.9 Wichtigkeit der individuellen Kundenbeziehung:

Wenn auch nicht repräsentativ, so lässt sich anhand der geführten Expertenbefragung insgesamt dennoch ein relativ klarer Trend zum Einsatz von CRM in der Konsumgüterindustrie vermuten. Gestützt werden kann diese Einschätzung durch die beschriebenen Case-Studies und erwähnten Studien in den vorangegangenen Kapiteln.

7 Perspektive für einen CRM-Einsatz in der Konsumgüterwirtschaft

Die Einführung von CRM bedarf sorgfältiger Vorbereitung und der vollen Unterstützung des Managements, um zukünftig einen erfolgreichen Einsatz als funktionsübergreifende Disziplin zu gewährleisten. Als Basis können dabei viele Einzelmaßnahmen und -leistungen dienen, die bereits von den Unternehmen auf dem grundsätzlich kundenorientierten Fokus des Marketingkonzepts erbracht werden. Der entscheidende Fortschritt in der weiterführenden Ausgestaltung der Kundenorientierung im Rahmen des CRM liegt in dem integrativen Einsatz neuer informations- und kommunikationstechnologischer Möglichkeiten.

Einen wichtigen Hinweis auf die Verbreitung des CRM im Zuge des technischen Fortschritts lässt sich am Absatz der für den Einsatz von CRM benötigten Technologien aufzeigen. Die exponentiell steigende Umsatzentwicklung bei CRM-Software in Europa (vgl. Abbildung 7.1) liefert ein wichtiges Indiz für das zunehmende Interesse der Unternehmen an diesem Managementinstrument.

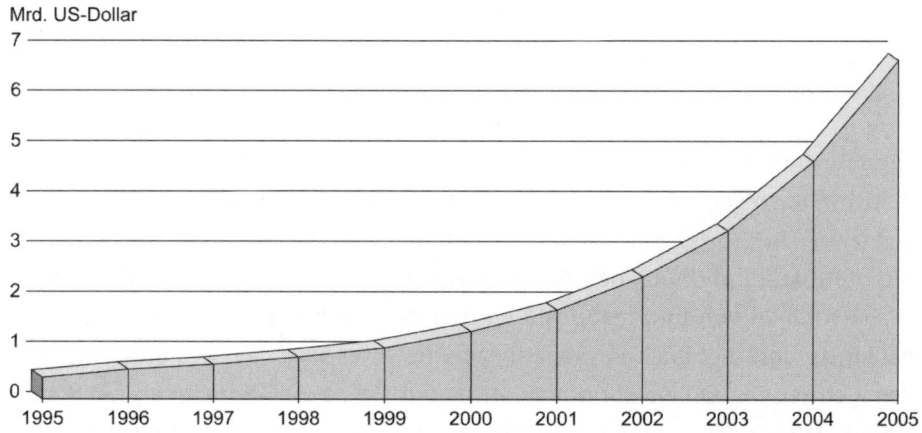

Abbildung 7.1 Umsatzentwicklung bei CRM-Software in Europa (e-commerce magazin 1-2/00, Frost & Sullivan 9/99)

Es kann entsprechend betriebswirtschaftlicher Grundsätze davon ausgegangen werden, dass die investierenden Unternehmen sich von Beschaffung, Implementierung und Einsatz der CRM-Systeme einen Vorteil für die Kundenorientierung und das Management der Kundenbeziehungen sowie letztlich für den Unternehmenserfolg versprechen.

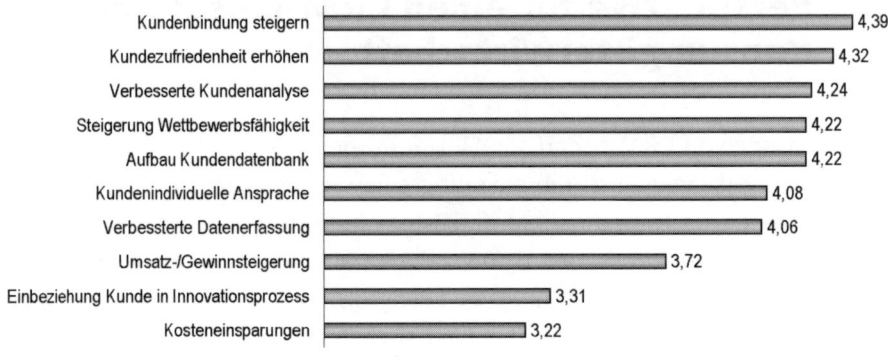

Kundenbindung steigern	4,39
Kundezufriedenheit erhöhen	4,32
Verbesserte Kundenanalyse	4,24
Steigerung Wettbewerbsfähigkeit	4,22
Aufbau Kundendatenbank	4,22
Kundenindividuelle Ansprache	4,08
Verbesserte Datenerfassung	4,06
Umsatz-/Gewinnsteigerung	3,72
Einbeziehung Kunde in Innovationsprozess	3,31
Kosteneinsparungen	3,22

1 = geringe Bedeutung, 3 = mittlere Bedeutung, 5 = hohe Bedeutung

Abbildung 7.2 Ausgewählte Ziele von E-CRM-Projekten (Wilde, 2001)

Die erweiterten informations- und kommunikationstechnologischen Möglichkeiten können es erstmals auch Konsumgüterherstellern gestatten, ein übergreifendes Kundenbeziehungsmanagement im Massenmarkt einzusetzen. Dort, wo die jetzt als Instrumente des kommunikativen CRM einsetzbaren Kommunikationsformen wie Direktwerbung, Kundenclub, Kundenzeitschriften etc. bisher z.B. aus Kostengründen nicht verwendet wurden, gilt es nun für die Unternehmen zu prüfen, ob im Zusammenspiel mit den neuen technischen Möglichkeiten und Online-Kommunikationsformen ein Einsatz im Sinne des CRM lohnt.

Die Nutzung der neuen Chancen ist für die Unternehmen der Markenartikelindustrie noch stark ausbaufähig. Nach der bereits o.g. Studie von CGEY/IMMF legt zwei Drittel der befragten Unternehmen den Schwerpunkt der mit einer Internetpräsenz verbundenen Aktivitäten auf die Bearbeitung von E-Mail-Anfragen, Betreiben von Informationsforen und den Mailversand. Gerade 26 Prozent haben das Internet auch für kanalspezifische After-Sales-Services entdeckt. Was den Vertrieb via Online-Shop angeht, halten sich die Unternehmen noch stark zurück. Für die Nutzung einer größeren Reichweite legen sie zurzeit den Fokus auf die Überprüfung der Internet-Präsentationsfähigkeit ihres Sortiments und die Migration einer Auswahl existierender Produkte dorthin.

Bisher wird eine Umgehung des stationären Handels beziehungsweise eine mittel- oder langfristige Abkoppelung vom Handel nicht angestrebt. Die Umsatzbedeutung des Online-Vertriebs in fünf Jahren wird gegenüber den etablierten Vertriebswegen auf 10 Prozent eingeschätzt. Was die Ausgestaltung onlinespezifischer Markenentwicklung und -führung sowie Preisgestaltung angeht, agieren die Unternehmen noch zurückhaltend. Die Wenigsten nutzen die Möglichkeit des Aufbaus eigenständiger Online-Marken. Spezielle Preismodelle für den Online-Auftritt werden von 17 Prozent der Befragten eingesetzt.

Für die Konsumgüterhersteller besteht gemessen am Einsatzgrad von CRM-bezogenen Maßnahmen sowie am derzeitigen Stand der Technik scheinbar noch ein großes Potenzial, das es weiter auszuschöpfen gilt. Darüber hinaus liefert die fortschreitende Entwicklung in der Informations- und Kommunikationstechnologie stetig neue Potenziale, die zukünftig im Sinne des CRM zu erschließen sein werden. Vermutlich wird UMTS eine der zukünftigen Technologien sein, der eine entsprechende Bedeutung zukommt und die den Konsumgüterbereich einer möglichst individuellen Beziehung zum Kunden ein weiteres Stück näher bringen könnte.

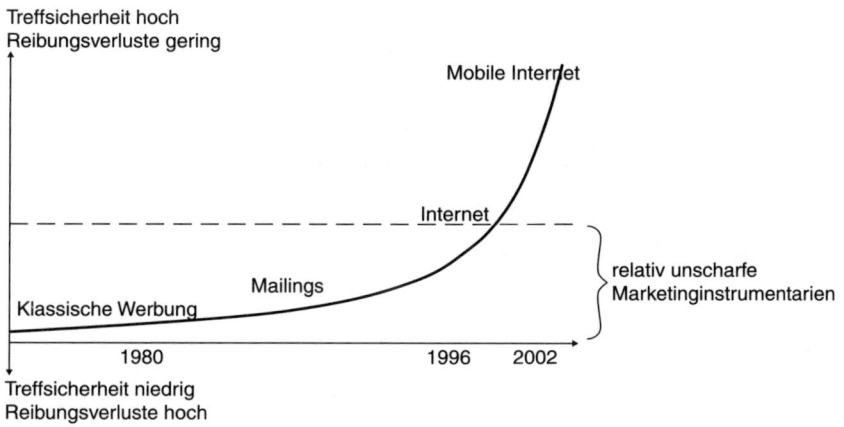

Abbildung 7.3 Chancen für One-to-One-Marketing durch Mobile-Internet (Göttgens/Zweigle, 2001)

Das mobile Internet auf Basis von UMTS kann aufgrund der Personalisierungsfunktionalitäten und Lokalisierbarkeit den Fortschritt im One-to-One-Marketing stark voranbringen. Analog zum stationären Internet kann das mobile Internet sich zu einem eigenständigen Vertriebskanal entwickeln, der vor allem hinsichtlich möglicher Vor-Ort-Marketingaktivitäten bedeutsam werden kann.

Konform zu den steigenden technischen Möglichkeiten von UMTS kann aber auch von einer gesteigerten Erwartungshaltung der Kunden an entsprechende Leistungen ausgegangen werden. Die Möglichkeit, permanent online sein zu können, Lokalisierbarkeit und Personalisierung des Kunden sowie Convenience-

Aspekte sind UMTS-spezifische Erfolgsfaktoren, die zu einer Intensität der Kundenbetreuung und einem deutlichen Anstieg des Mehrwerts führen können. Damit ist die Unterstützung von Kundenzufriedenheit und Kundenbindung als ein zentrales Merkmal des mobilen Internets anzusehen. Diesen Mehrwert für den Nutzer zu bieten, dürfte notwendig sein, um Preisabstände im Vergleich zum heute gängigen GSM-Mobiltelefon oder zum stationären Internet realisieren zu können.

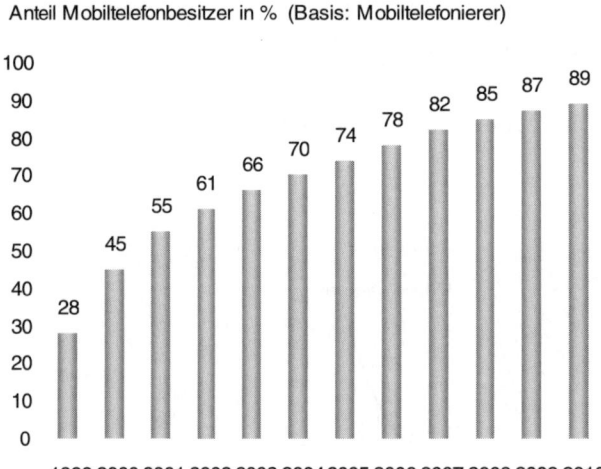

Anteil Mobiltelefonbesitzer in % (Basis: Mobiltelefonierer)

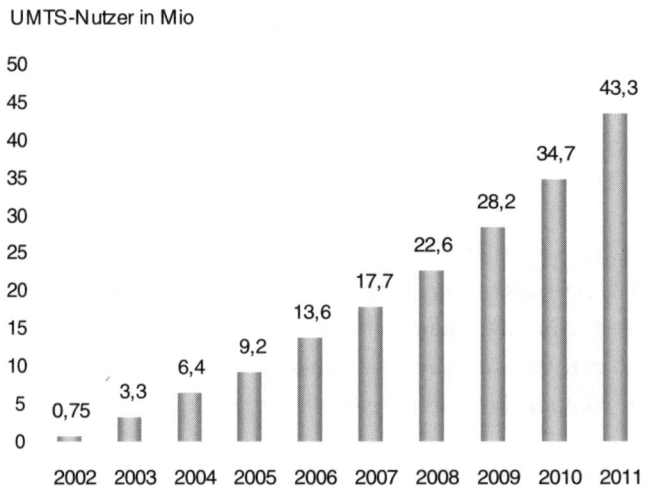

UMTS-Nutzer in Mio

Abbildung 7.4 Marktentwicklung Mobiltelefonbesitzer und UMTS-Nutzer in Deutschland [optimistisch] (Göttgens/Zweigle, 2001)

Grundlage für erfolgreiches CRM via UMTS wird ebenso wie bereits heute eine integrierte Datenbank sein. Auf Basis bereits gespeicherter Kundeninformationen und aufgabenspezifischer Datenausgabe werden gezielte One-to-One-Marketing-Maßnahmen wie Location Based Services ermöglicht, über die dem Kunden standortbezogene Leistungen angeboten werden können.

Fallbeispiel 19: Alldays und Kompazz.de (M-CRM via SMS)

Bereits heute werden Mobiltelefone erfolgreich im Konsumgüterbereich für CRM-Maßnahmen eingesetzt. *Procter & Gamble* ist mit seiner Marke *Alldays* (Slipeinlagen) dafür mit der Internetplattform *Kompazz.de* eine erfolgreiche Partnerschaft eingegangen. Auf der Kompazz.de-Website registrieren sich überwiegend jugendliche Handybesitzer, um via SMS Werbebotschaften zu erhalten. Weiblichen Teenies wurde auf einer Jugendmesse via SMS ein Geschenk offeriert, welches sie sich am Alldays-Stand abholen könnten. Im Gegenzug druckt Procter & Gamble den Namen Kompazz.de auf die Verpackung des Produkts. SMS-Botschaften sollen zukünftig auch für andere Produkte eingesetzt werden.

Wichtige Erfolgsfaktoren für den Einsatz des mobilen Internets via UMTS sind vor allem verbraucherrelevante Angebote zu einem attraktiven Preis für die Kommunikationstechnik, die einfach zu bedienen ist und deren Funktionalitäten für die angestrebten Dienste ausreichen. Ähnliches dürfte auch für weitere angekündigte Zugriffsmöglichkeiten auf Internetdienste wie Settop-Boxen für TV-Geräte gelten.

Insgesamt kann von steigenden Varianten an Zugriffsmöglichkeiten auf Internetdienste sowie einer weiteren Erhöhung der Nutzerzahlen konform zur bisherigen Entwicklung ausgegangen werden. Die Mediendifferenzierung kann darüber hinaus vor allem auch Zielgruppen den Internetzugang verschaffen, die bisher noch unterdurchschnittlich vertreten sind. Insofern ist dementsprechend zunächst auch von steigenden Chancen für das One-to-One-Marketing und damit dem Einsatz von auf Endkonsumenten bezogenem CRM für die Konsumgüterindustrie auszugehen.

Weiterreichende Chancen und Möglichkeiten ergeben sich in Zukunft für die Konsumgüterindustrie durch eine CRM-bezogene Kooperation und Koordination mit den Vertriebspartnern.

Es erscheint vor dem Hintergrund einer ständig sinkenden Konsumentenloyalität sinnvoll, zukünftig die Bemühungen von Hersteller und Handel im Kundenbindungsmanagement im Rahmen eines kollaborativen CRM-Ansatzes (C-CRM) aufeinander abzustimmen. Sowohl Hersteller als auch Handel generieren über unterschiedliche Customer Touch Points Kundendaten. Eine gemeinsame Analyse und Nutzung dieser Informationen kann beiden Marktpartnern einen Vorteil verschaffen und insgesamt zu loyaleren Kunden führen.

Fallbeispiel 20: Procter & Gamble und A&P (C-CRM)

Procter & Gamble und das nordamerikanische Handelsunternehmen *A&P* (ein Tochterunternehmen der *Tengelmann*-Gruppe) haben bereits im Sinne des Collaborative CRM mit einer Zusammenarbeit begonnen. Ziel ist es, besonders einkommensstarke Haushalte zu identifizieren und diese durch entsprechende Konzepte zum Einkauf in die Geschäfte des Unternehmens zu bewegen.

Von der als profitables Kundensegment ausgemachten Kernzielgruppe »junge Familien mit Babys/Kleinkindern« werden dabei zunächst durch Analyse von Bons, Kundenkartendaten und Fokusgruppen die wichtigsten Konsumentenansprüche festgestellt. Danach werden die für die Zielgruppe relevanten Warengruppen, z.B. die Sortimente »Höschenwindeln«, »Babynahrung« oder »Babyshampoo« als »Baby Care Center« zusammengefasst und als Komplementärartikel positioniert.

Abbildung 7.5 Displays markieren die relevanten Warengruppenbereiche bei A&P (Procter & Gamble, 2001)

Dies bringt den Kunden einen Zeitvorteil. Sie erleben ein One-Stop-Shopping und kaufen impulsiver. Gleichzeitig wird die attraktive Instore-Präsentation der Artikel für junge Mütter zum Erlebnis. Der Sortimentsaufbau nach Verwendungsanlass offeriert der definierten Zielgruppe »junge Familien« einen wirklichen Zusatznutzen und entscheidet über die zukünftige Einkaufsstättenwahl.

Ein umfassendes Marketingprogramm für den »Baby Club« von A&P und Procter & Gamble zielt darauf ab, neue und profitable junge Familien zu akquirieren. Um weitere Daten zu generieren, offeriert A&P für die spezifische Zielgruppe eine weitere Kundenkarte. Der Händler kann so das genaue Profil seiner Kernzielgruppe ablesen, für weitere Verkaufsförderungsaktionen verwenden und dazu beitragen, die profitable Zielgruppe zu halten. Die gemeinsame kollaborative Entwicklung einer Warengruppe bzw. eines Geschäftsbereiches lässt sich auf eine Vielzahl anderer Sortimentsbereiche bzw. Zielgruppen übertragen.

*D*ear parents and grandparents too:

Congratulations to you as you begin one of life's most rewarding journeys. Once a child comes into your life, it changes you forever. You develop a bond of caring, protectiveness, admiration and love that is lifelong. It is a magical time.

I know that raising and caring for a baby is a big job. It can be costly, too. Especially when you consider all the items our "bundles of joy" need each day. But now there's a way to get some real adult-size savings on your baby purchases – the A&P Baby Club.

Here's how it works. As a member of the A&P Baby Club, every time you accumulate $200 in baby item purchases using your regular Bonus Savings Club card you'll get $20 back in cash. That's right...every time!

The Baby Club makes getting this great savings easy. Just look for the Baby Club signs located throughout the store. The signs identify baby items that are part of the Club. Your accumulated baby item purchase total is tallied at the bottom of your cash register receipt automatically each time you shop, and when you accumulate $200, you get $20 in cash.

And remember, this is not a one-time discount. You get $20 cash back instantly <u>every time</u> your baby item purchases accumulate to $200.

Here's even more good news. If you have an A&P Bonus Savings Club card, you're already a member of the Baby Club. If you don't have a Bonus Savings Club card you can get one FREE at any A&P store.

Now there's no reason to shop anywhere else for your baby needs. Get them at A&P and get extra-special savings as a member of our Baby Club.

Sincerely,

Susan Hamilton

Susan Hamilton
Marketing Manager
A&P Metro Group

Hundreds of baby items are included in the A&P Baby Club. Look for signs all over the store on the items below plus many more!
In addition, remember to save on our weekly features!

- Baby Food & Juice
- Diapers & Wipes
- Formula
- Nursing Products

- Children's Medicine & Vitamins
- Bathing Products
- Feeding Items

- Baby Hygiene Items
- Baby Toys & Accessories

Abbildung 7.6 A&P Babyclub (Procter & Gamble, 2001)

Abbildung 7.7 A&P Bonus Saving Club Card (Procter & Gamble, 2001)

Anhang

A Customer Response Software – Ausführliches Beispiel eines Gesprächsprotokolls

Im Abschnitt 3.3.2 zum Thema Customer Response Software wird der Avatar Leo der *Schweppes*-Website als Beispiel vorgestellt. Im Folgenden ist ein ausführliches Gesprächsprotokoll des Users »Maddy« mit dem virtuellen Barkeeper abgedruckt. Das Beispiel zeigt anschaulich, welches Potenzial der Einsatz solcher Software birgt. Auch wird deutlich, weshalb sich die Verweildauer der Kunden auf einer Website durch den Einsatz entscheidend verlängern kann und sich damit eine Chance zum Beziehungsaufbau zwischen Produkt bzw. Marke und Konsument ergibt. Der Nutzer tritt mit dem Produkt bzw. der Marke in einen Dialog, mit vermutlich nachhaltigerer Wirkung, als es ein einfacher Besuch einer Website möglich machen kann. (Rechtschreibfehler wurden nicht korrigiert. Dies zeigt die Interpretationsfähigkeiten eines solchen Systems.)

Leo: Guten Tag und willkommen. Ich bin Leo. Ihr persönlicher Bar-Keeper hier an der Schweppes-Bar. Verraten Sie mir auch Ihren Namen?

User: Maddy

Leo: Sehr angenehm. Neulich war schon mal eine Maddy hier, rothaarig, aufregend, sehr schweppsy. Sind Sie auch rothaarig?

User: Nein, Braunhaarig!

Leo: Aha. Man sagt den Rothaarigen jedenfalls nach, dass sie besonders talentiert sind. Im Bestellen von Drinks. Ich wette, auch Sie sind kein Fan von Trockenheit.

User: Das Stimmt

Leo: Tja Maddy, meine Aufgabe ist es hier, mich als Gastgeber um Sie zu kümmern und Ihre Fragen zum Thema Schweppes & Drinks zu beantworten.

User: Prima

Leo: Sie gehen ran. Das gefällt mir. Ich denke mal, zu Ihnen passt ein Horse's Neck?

User: Klar

Leo: Bitte aufsitzen. Hier kommt ein Stück Abenteuer und Freiheit. Man fertigt aus der Zitronenscheibe eine Spirale, gibt sie zusammen mit einigen Eiswürfeln in ein großes Glas. Jetzt kommen 4 cl Bourbon Whiskey darüber, dazu zwei Spritzer Angostura. Jetzt nach Geschmack mit Schweppes American Ginger Ale auffüllen. Den Trinkhalm nicht vergessen.

User: Klasse

Leo: Hier kommt Ihr persönliches Stück Abenteuer und Freiheit.

User: Danke

Leo: Ich vermute, Sie reden um das Pferd herum, weil Sie befürchten, dass 4 cl Bourbon Whiskey Sie aus dem Sattel werfen. Nur keine Panik. Warten wir noch etwas ab.

User: Das ist kein Problem für mich

Leo: Haben Sie Probleme in Ihrer Partnerschaft?

User: Am Sonntag kommt mein Girl aus dem Urlaub wieder!

Leo: Ich darf annehmen, dass Ihnen in diesen Tagen der 100ste Geburtstag der Queen Mum nicht gleichgültig ist.

User: Falsch

Leo: Show-Preise werden auch immer höher. Mit einem gewonnenen Kleinwagen will heute doch keiner mehr rausgehen. Wer sich vor der Kamera was traut, bekommt eine Million. Was würden Sie für so viel Geld machen? Über glühende Kohlen laufen?

User: Alles

Leo: Hey, Maddy, für viel Geld kommen Sie ja richtig aus sich raus. Respekt.

User: Tja, hättest du nicht gedacht was?

Leo: Manche Menschen haben einfach niemanden, der ihnen wirklich bedingungslos zuhört. Möchten Sie mir etwas vorsingen?

User: Klar, was möchtest du denn hören?

Leo: Über Drinks könnte ich Ihnen stundenlang etwas erzählen. Darf ich?

User: Ich weiß nicht so recht, es darf nicht langweilig sein!

Leo: Nun gut. Vermutlich sind Sie ein Mensch der Tat. Und ich sollte nicht über Drinks reden, sondern Ihnen einen anbieten.

User: Nein, erzählen sie nur!

Leo: Darf es etwas mit Alkohol sein?

User: nein

Leo: Kein Problem. Sie sind ja hier bei Schweppes. Da gibt es viele interessante Drinks, die völlig ohne Alkohol gemixt werden.

User: Ich will etwas mit Alkohol!

Leo: Lassen Sie mich raten - Sie sehen nach Business aus. Der Drink, der zu Ihnen passen könnte, nennt sich: Meeting Hätten Sie Lust auf ein Meeting?

User: Klar

Leo: Das trifft sich gut: Peach meets Grapefruit. Wir geben 4 cl Pfirsichlikör zusammen mit 8 cl Grapefruitsaft und viel Eis in den Shaker. Das Ganze gut schütteln. Anschließend mit 8 cl Schweppes Original Bitter Lemon auffüllen. Und zum Meeting bitten.

User: Supi

Leo: Ein gutes Meeting beginnt pünktlich, ist kurz und endet mit einem greifbaren Ergebnis.

Also Maddy, können Sie mal zusammenfassen, was Ihnen während des Meetings an Greifbarem eingefallen ist?

User: KLKLZTfzutewuof

Leo: Ich bin beeindruckt. Sie sind ja richtig kreativ.

User: Tja!

Leo: Habe ich sie in Verlegenheit gebracht? Tschuldigung. Ich fange am Besten noch einmal an. Hallo Maddy, was kann ich für Sie tun?

User: Ich will Alkohol!!!!!!

Leo: Wollen Sie das wirklich?

User: Klar, schweppes mit Alkohol!!!

Leo: Eine ausgezeichnete Wahl. Oder haben Sie diesen Wunsch nur mir zum Gefallen geäussert? Lassen Sie sich von mir zu einem Schweppes Mix-Drink einladen.

User: Was denken sie denn?

Leo: Nun Maddy, mir scheint, wir sollten uns noch etwas unterhalten, um uns besser kennen zu lernen.

User: Kein Problem

Leo: Mache ich Ihnen zu viele Vorschläge? Sorry, das habe ich schon immer getan. Meine Familie war immer ganz genervt über meine Vorschläge.

User: Ich nicht!

Leo: Genau. Dieses »Ich nicht!, Leo!« das haben sie oft zu mir gesagt. Wie man in meiner Familie eben so ist. Offen. Gerade heraus. Aber ich habe mich nicht nervös machen lassen.

User: Prima

Leo: Übrigens, jetzt nach Ihrem dritten Drink, sollte man Ihnen eine kleine Pause gönnen. Drei ist nämlich eine magische Cocktail-Zahl. Bitte sagen Sie Bescheid, wenn Sie wieder etwas möchten.

User: Jetzt!

Leo: Haben Sie gestern Abend die Nachrichten verfolgt?

User: Leider keine Zeit!

Leo: Schade. [...]

Leo: Ist Ihnen die Musik angenehm - oder möchten Sie etwas anderes hören?

User: Jetzt nicht ablenken!

Leo: Okay, der Punkt geht an Sie. Ich wusste eben wirklich nicht weiter. Geht Ihnen das manchmal auch so?

User: Nur wenn mich mein Schatz fragt was der Sinn des Lebens ist!

Leo: Merkwürdig, dass Sie mich das fragen. Ich befasse mich nämlich gerade mit einer Sinn-Frage dieser Art. Wollen Sie sie hören?

User: Ja!!!!!!!!

Leo: Ich suche nach dem Sinn des Lebens - als Drink. Bisher habe ich aber nur Rezepte gefunden, die keine befriedigende Antwort gaben. Nur eines weiß ich: Es muss etwas mit Ginger sein.

User: Oho!

Leo: Ginger ist blond, süß, mitte 30, und sie hat mich verlassen. Wegen eines gut gebauten Bademeisters.

User: Haben sie dem Bademeister gezeigt wo der Hammer hängt?

Leo: Haben Sie Geschwister? Oder sind Sie mit Ihren Kolleginnen und Kollegen wie Bruder und Schwester?

User: Nicht ablenken! Ich habe übrigens Geschwister!

Leo: Oh Maddy, das tut mir leid.

User: Was tut ihnen leid?

Leo: Hätten Sie inzwischen Lust auf einen Drink?

User: Klar!

Leo: Lassen Sie sich anschauen, Maddy: Sie wirken, wenn ich ehrlich sein darf - etwas gestresst. Darf es ein Fresh Air sein?

User: BITTE!

Leo: Dann bitte Rock und Hut festhalten: hier kommt ein Schwall Frischluft. Geben Sie 4 cl Rose's Lemon Squash auf 2-3 Eiswürfel in ein Longdrinkglas und füllen Sie es mit Indian Tonic Water auf. Huuiiii.

User: Ich mag kein Tonic Water!

Leo: Das Rezept ist absolut jenseitig: britische Kolonial-Offiziere erfanden damals in Indien dieses unverzichtbare Tool zum Schweppes-Gesicht. Auf der Basis von Schweppes Indian Tonic Water könnte ich Ihnen heute die alkoholfreien Longdrinks »Fresh Air«, »Red Rose« oder »Surfing Woman« anbieten.

User:

Leo: Bitte machen Sie sich doch die Mühe einer artikulierten Eingabe. Ich habe mir auch die Mühe gemacht, für Sie meine gute Weste anzulegen. Voila Maddy.

User: Wie süß von dir!

Leo: Wie wäre es jetzt mit einem guten Drink?

User: Ich möchte mich mit dir unterhalten!

Leo: Herzlich willkommen. Genau dafür bin ich da. Meine Schwester Esmeralda sitzt oft stundenlang beim Friseur, nur um sich zu unterhalten. Die Frisur sollten Sie sehen.

User: Ich war heute auch beim Friseur!

Leo: Momentan grassiert ja das Fusions-Fieber. Haben Sie auch schon darüber nachgedacht, zu fusionieren?

User: Mit dir?

Leo: Stimmt genau. Und man traut sich kaum noch etwas gegen jemanden zu sagen, weil man nicht weiß, mit wem er inzwischen fusioniert hat.

User: Das war jetzt keine sinnvolle Antwort!

Leo: Bin ich zu schnell? Habe ich schon auf Ihre kommende Frage geantwortet? Sie merken, hier werden Expresschecker verlangt.

User: Damit habe ich kein Problem: ich checke schneller als du, Süßer!

Leo: Meine liebe Maddy, eine Dame in Not! Erzählen Sie mir alles, was Sie berückt! Schütten Sie ihr Herz aus, während ich Drinks einschütte. Darf ich Ihnen einen zur Stärkung anbieten?

User: Ich glaub ich muss jetzt gehen! Tut mir leid!

Leo: Können Sie hier nicht überziehen und die Zeit morgen nacharbeiten?

User: Ich komme bestimmt gleich wieder!

Leo: Kompliment, wir haben uns über 18 Minuten unterhalten. Und dabei hatte ich Gelegenheit, ihnen 4 Drinkvorschläge zu machen. Möchten Sie davon einen Ausdruck?

User: Ja

Leo: Also, Maddy, das waren für Sie insgesamt 4 Drinks: ein Horses Neck, ein Meeting, ein Fresh Air. Eine Liste mit allen Zutaten und Mix-Anleitungen wird jetzt von Ihrem Drucker ausgegeben.

User: Danke, du bist ein wahrer Schatz!

Leo: Da fällt mir ein: ich hätte noch eine Bitte. Eine klare Ansage in eigener Sache.

User: Schieß los!

Leo: Also die Leute von Schweppes wollen checken, ob meine Gäste mit mir zufrieden waren. Und, Maddy? Waren Sie?

User: Sehr. Es war sehr lustig + informativ!

Leo: Was meinen Sie? Kann ich an meinem Auftritt hier - rein äußerlich - etwas besser machen? Soll heißen: passt Ihnen vielleicht meine Nase nicht? Oder meine Schuhe?

User: Ihre schuhe kann ich nicht sehen!

Leo: Und? Gab es noch was auszusetzen?

User: Einmal war deine Antwort sinnlos!

Leo: Oh, ich glaubte, wir plaudern nur so. Hätte ich gewusst, dass Sie meine Antworten bewerten, dann hätte ich versucht, eine 12 zu erreichen. Bitte geben Sie mir noch eine Chance.

User: Gerne, aber nicht jetzt, ok?

Leo: Darf ich Ihnen inzwischen einen Drink anbieten?

(Mit freundlicher Genehmigung der Kiwilogic.com AG)

B   Case-Studies-Verzeichnis

C   Literaturverzeichnis

Ackerschott, Harald: Strategische Vertriebssteuerung: Instrumente zur Absatzförderung und Kundenbindung, Wiesbaden (Gabler), 1997

Albers, S./Clement, M./Peters, K./Skiera, B.: E-Commerce – Einstieg, Strategie und Umsetzung im Unternehmen, Frankfurt am Main, 1999

Albers, S./Peters, K.: Die Wertschöpfungskette des Handels im Zeitalter des Electronic Commerce, in: Marketing ZZP, 19. Jg.,1997, Heft 2, S. 69–80

Allen, C./Kania, D./Yaeckel, B.: One-to-One Web Marketing, New York, 2001

Armor, D.: The E-Business (R)Evolution, Prentice Hall Professional, Upper Saddle River 2000

Bachem, C.: Erfolgskontrolle und Optimierung im Internet, http://www. dmmv.de/deck/bachem.htm, 03.01.2002

Barz, M./Kracklauer, A./Seifert, D.: Online-Marketing-Controlling, in: Handbuch Marketing-Controlling (Hrsg.: Zerres, M.P.), Heidelberg, 2000

Becker, J.: Marketing-Konzeption – Grundlagen des strategischen und operativen Marketing-Managements, 6. Aufl., München 1998

Berchtenbreiter, R.: Mobile CRM, in Wilde, D.: eCRM, Düsseldorf, 2000

Bergmann, Katja: Angewandtes Kundenbindungsmanagement, Frankfurt am Main (Europäischer Verlag der Wissenschaften), 1998

Bernecker, Michael/Hüttl, Florian: Grundlagen des Kundenclubs, in: Effektives Customer Relationship Management: Instrumente – Einführungskonzepte – Organisation (Hrsg.: Helmke, Stefan/Dangelmaier, Wilhelm), Wiesbaden (Gabler), 2001

Bertram, H.: Data Warehouse – Trends bei Wal-Mart, Sears & Co, in Dynamik im Handel, Ausgabe Nr. 7, 1999, S. 22–25

Biester, S./Procter & Gamble: Gemeinsamer Blick zum Kunden – Procter stellt Marktforschung für kooperative Marktentwicklung bereit, in: LZ vom 19.11.1999, S. 40

Blattberg, R.C./Thomas, J.S.: The Fundamentals of Customer Equity Management, in: Handbuch Kundenbindungsmanagement (Hrsg.: Bruhn, M./Homburg, C.), 2. Aufl., Wiesbaden, 1999, S. 359–385

Bliemel F./Fassott, G./Theobald, A.: Electronic Commerce – Herausforderungen, Anwendungen, Perspektiven, Wiesbaden, 1999

Bruhn, M./Georgi, D.: Wirtschaftlichkeit des Kundenbindungsmanagements, in: Handbuch Kundenbindungsmanagement (Hrsg.: Bruhn, M./ Homburg, C.), 2. Aufl., Wiesbaden, 1999, S. 411–440

Bruhn, Manfred: Kundenorientierung: Bausteine eines exzellenten Unternehmens, München (Beck), 1999

Busch, Oliver/Klein-Bölting, XXX: Markenführung im Digital Age, Düsseldorf (BBDO Consulting), 2000

Calabretti, T.: Kundenbindung im Handel: Das Beispiel Douglas, in: Handbuch Kundenbindungsmanagement (Hrsg.: Bruhn, M./Homburg, C.), 2. Aufl., Wiesbaden 1999, S. 589–605

Cassar, K./Swerdlow F.S./Saxon M./Johnson M./Shore M./Park S., Landscape: Online Retailers Successfully deliver a tangible experience, but little lasting differentiation, http://www.jup.com/sps/research/reportoverview.jsp?doc==ret00-v01 (Zugriff 12.12.2001)

Coopers & Lybrand: Customer Value Strategy – The marketing strategy approach that creats Customer Value both ways, Utrecht, 1998

De Kare-Silver, M.: e-shock – The electronic shopping revolution, MacMillan, Houndsmill, 1998

Dehr, G./Biermann, T.: Marketing-Management, München/Wien, 1998

Diekhof, Rolf: Kommunikation auf allen Kanälen: Verschiebung: Ob Fernsehen oder Autoclub: E-Mails ebnen den Weg zu einer neuen Qualität der Kommunikation, in: eMarket (2001) 14

Diller, H./Haas, A./Hausruckinger, G.: Discounting – erfolgreich nicht nur im Handel, in: Harvard Business Manager, Ausgabe Nr. 4, 1997, S. 19–24

Duchrow, Martin: Virtuelle Communities – Die Konsumgesellschaften der Zukunft?, in: Management-Handbuch Electronic Commerce (Hrsg.: Hermanns, Arnold/Sauter, Michael), München (Vahlen), 1999

Dudenhöffer, Martin: Abschied vom Massenmarketing, Düsseldof u. a. (Econ), 1998

Duffner, A./Henn, H.: CRM, verstehen, nutzen, anwenden! Würzburg, 2001

ECCS, CRM Definitions – Defining customer relationship marketing and management, http://www.eccs.uk.com/crmdefinitions/define.asp, 27.07.99

e-marketer, eMailMarketing Report 1999, http://www.emarketer.com/estats/s_E-Mail_preview2.html, 1999

e-marketer, eMailMarketing Report 2000, http://www.emarketer. com/estats/ s_E-Mail_preview2.html, 2000

Engelhardt, Werner H./Witte, Petra: Direktvertrieb in Konsumgüter- und Dienstleistungsbereich: Abgrenzung und Umfang, Stuttgart (Poeschel), 1990

Ericsson Consulting und Wunderman: "CRM: Alter Wein in neuen Schläuchen?", Präsentation, Frankfurt, 08.11.2000

Feller, M./Großweischede, M.: Steht ECR am Scheideweg?, in LZ am 09.04.1999, S. 55

Feller, M.: Wie viel Consumer Insight hat der Handel? – Special ECR, in: Dynamik im Handel, Ausgabe Nr. 12, 1999, S. 46–48

Fischer, C.: Category Management: Absichten, Einsichten und Aussichten, in: Distribution im Aufbruch (Hrsg.: Beisheim, O.), München 1999, S. 1117–1128

Fritz, W.: Internet-Marketing – Perspektiven und Erfahrungen aus Deutschland und den USA, Stuttgart 1999

Giehler, M./Rapp, R.: Relationship Marketing im Internet, in Payne, A./Rapp, R. (Hrsg.): Handbuch Relationship Marketing, 1999

Godin.S./Peppers, D.: Permission-Marketing: Turning Strangers Into Friends, and Friends into Customers, New York, 2000

Göttgens, Olaf/Zweigle, Tanja: Studie: mCommerce mit UMTS: UMTS und seine Bedeutung für Brand Management und CRM, Düsseldorf (BBDO Consulting), 2001

Göttgens, Olaf: Customer Relationship Management, Düsseldorf (BBDO Consulting), 2001

Graham, J.: Beyond CRM, http://www.clickz.com/cgi-bin/gt/cz/ems/ems.html?article=1624, 03.01.2002

Gräf, Hjördis: Online-Marketing: Endkundenbearbeitung auf elektronischen Märkten, Wiesbaden (Gabler), 1999

Griffin, A./Gleason, G./Preiss, R.: Die besten Methoden zu mehr Kundenzufriedenheit, in: Harvard Business Manager, Ausgabe Nr. 3, 1995, S. 65–77

Groffmann, Hans-Dieter: Das Data Warehouse Konzept, in: HMD Theorie und Praxis der Wirtschaftsinformatik (1997) 195

Groß-Engelmann, M.: Kundenzufriedenheit als psychologisches Konstrukt, Köln/Lohmar, 1999

Haedrich, G./Hoffmann-Linhard, A./Olavarria, M.: Zielgruppenorientierte Kundenbindungsstrategien im Lebensmitteleinzelhandel – Ergebnisse einer empirischen Untersuchung, Handelsforschung 1997/98 – Kundenorientierung im Handel, Jahrbuch der Forschungsstelle für den Handel Berlin (Hrsg.: Trommsdorff, V.), Wiesbaden 1997, S. 71–91

Handlbauer, G./Matzler, K.: Säulen der kundenorientierten Unternehmensführung, in: Perspektiven im strategischen Management (Hrsg.: Handlbauer, G./Matzler, K./Sauerwein, E./Stumpf, M.), Berlin/New York 1998, S. 113–128

Hansen, U.: Kundenorientierung durch aktive Beschwerdepolitik im Handel, in: Handelsforschung 1994/95 – Kooperation im Handel und mit dem Handel, Jahrbuch der Forschungsstelle für den Handel Berlin (Hrsg.: Trommsdorff, V.), Wiesbaden 1994, S. 23–38

Hartmann, A./Sifonis, J.: Net Ready. Strategies for Success in the E-conomy, New York, 2000

Heller, Claudia: Musik zur Imagebildung, in: eMarket (2001) 1

Helm, Sabrina: Viral Marketing, in: WISU (2000) 3

Herrmann, A./Johnson, M.D.: Die Kundenzufriedenheit als Bestimmungsfaktor der Kundenbindung, in: ZfbF, Ausgabe Nr. 6, 1999, S. 579–598

Hettich, Steffi/Hippner, Hajo/Wilde, Klaus D.: Customer Relationship Management (CRM), in: WISU (2000) 10

Hinterhuber, H.H./Friedrich S.A.: Quo Vadis ECR? – Vom Effizienzstreben zur Kundenorientierung, in: Handbuch Efficient Consumer Response – Konzepte, Erfahrungen, Herausforderungen (Hrsg.: von der Heydt, A.), München 1999, S. 332–346

Hinterhuber, H.H.: Die Rolle der Kundenzufriedenheit in der strategischen Unternehmensführung, in: Kundenorientierte Unternehmensführung (Hrsg.: Hinterhuber, H.H./Matzler, K.), Wiesbaden 1999, S. 3–23

Hippner, Hajo/Wilde Klaus D.: CRM – Ein Überblick, in: Effektives Customer Relationship Management: Instrumente – Einführungskonzepte – Organisation (Hrsg.: Helmke, Stefan/Dangelmaier, Wilhelm), Wiesbaden (Gabler), 2001

Hippner, Hajo/Wilde Klaus D.: Data Mining im CRM, in: Effektives Customer Relationship Management: Instrumente – Einführungskonzepte – Organisation (Hrsg.: Helmke, Stefan/Dangelmaier, Wilhelm), Wiesbaden (Gabler), 2001

Hoffman, D./Novak, T.P.: New Metrics for New Media: Toward the Development of Web Measurement Standards; http://www2000.ogsm.vanderbilt.edu/novak/web.standards/

Höhn, Reinhard: Der Data Warehouse Spezialist: Entwurf, Methoden und Umsetzung eines Data Warehouses (Hrsg.: Integra Training AG, Mikosch, Ingrid), München (Addison-Wesley), 2000

Homburg, C./Giering, A./Hentschel, F.: Der Zusammenhang zwischen Kundenzufriedenheit und Kundenbindung, in: Handbuch Kundenbindungsmanagement (Hrsg.: Bruhn, M./Homburg, C.), 2. Aufl., Wiesbaden 1999, S. 81–112

Homburg, C./Schnurr, P.: Kundenwert als Instrument der wertorientierten Unternehmensführung, in: Wertorientierte Unternehmensführung – Perspektiven und Handlungsfelder für die Wertsteigerung von Unternehmen (Hrsg.: Bruhn, M./Lusti, M./Müller, W.R./Schierenbeck, H./Studer, T.), Wiesbaden 1998, S. 169–189

http://www.de.cgey.com/news/archiv2001/100501internet.html, 2001

IVW: Proxy-Problematik, http://www.ivw.de/verfahren/caches.html

IVW2: Proxy-Problematik, www.ivw.de/verfahren/mess_index.html

Kalakota, R./Robinson, M.: e-Business: roadmap for success, 8th edition, Reading, 2000

Kemminger, Markus: Antworten mit Sinn: Kundenanfragen: Customer-Response-Software berät Nutzer und hilft beim Verkauf – ohne den Aufwand individueller Betreuung, in eMarket (2001) 14

Kent, P./Calishain, T.: Poor Richard`s Internet Marketing and Promotions, Top Floor Publishing, Lakewood, 1999

Kießling, Hermann-Michael: Erfolg mit Kundenzeitschriften, in: Direkt Marketing 37 (2001) 11

Kimball, R./Merz, R.: The Data Webhouse Toolkit – Building the Web-Enabled Data Warehouse, New York, 2000

Kirn, Friedrich Mathias: Gute Karten für Kundenclubs, in: Media&Marketing (2001) 1

Koreimann, D.S.: Management, 7. Aufl., München, 1999

Kotler, P.: Marketing – Märkte schaffen, erobern und beherrschen, München, 1999

Kotler, Philip/Bliemel, Friedhelm: Marketing Management: Analyse, Planung, Umsetzung und Steuerung, Stuttgart (Schäffer-Poeschel), 1999 und 2001

Kracklauer, A./Seifert, D.: Gemeinsam näher am Kunden: Wie Industrie und Handel kooperatives Kundenmanagement betreiben, in: Zeitschrift für Markenführung, Nr. 3 (August 2001), S. 50–59

Kracklauer, A./Seifert, D.: Marketingstrategien, in: e-Commerce, Nr. 9 (September 2001), S. 58–60

Kracklauer, A./Seifert, D.: Wie werbe ich effizient im Internet und messe meinen Erfolg, in: IT-Management, Nr. 7 (Juli 2001), S. 28–35

Krause, J.: Electronic Commerce und Online Marketing – Chancen, Risiken und Strategien, München/Wien, 1999

Lamprecht, S.: Marketing im Internet – Chancen, Konzepte und Perspektiven im World Wide Web, Freiburg i.Br., 1996

Lerchenmüller, M.: Handelsbetriebslehre, 3. Aufl., Ludwigshafen, 1998

Lerner, Wilhelm: E-Business in the Consumer Industries: It is All about Momentum, Wiesbaden (Arthur D. Little), 2000

Liebmann, H.-P./Zentes, J.: Handelsmonitor 2000, Frankfurt am Main, 1999

Lingen, T. von: Kundenzufriedenheit – Zur Ökonomik eines verhaltenswissenschaftlichen Konstrukts, in: Perspektiven ökonomischen Denkens (Hrsg.: Woratschek, H.), Frankfurt am Main 1998, S. 165–185

Link, J./Tiedtke, D.: Personalisierung und Electronic Commerce, Databased-Online-Marketing, in: Electronic Commerce. Grundlagen und Perspektiven (Hrsg.: Wamser, C.), München, 2000

Lippert, Ingo: Kabelloses Direktmarketing via SMS und WAP, in: Direkt Marketing 37 (2001) 11

Look-Wagner, O.: Rechtliche Klarstellungen für den E-Commerce, Workshop Online-Recht Teil 3, in eCRM Profi 2. (2001) 6+7, S. 46–49

Mayer, H./Illmann, T.: Markt- und Werbepsychologie, 3. Aufl., Stuttgart, 2000

Meffert, H./Schwetje, T.: Messprobleme der Kundenzufriedenheit – Erfahrungen aus einem Marktforschungsprojekt, Reihe: Arbeits-/Dokumentationspapiere der Wissenschaftlichen Gesellschaft für Marketing und Unternehmensführung e.V. (Hrsg.: Meffert, H./Backhaus, K.), Münster, 1998

Meffert, H.: Marketingforschung und Käuferverhalten, 2. Aufl., Wiesbaden, 1992

Meffert, Heribert: Marketing: Grundlagen marktorientierter Unternehmensführung: Konzepte – Instrumente – Praxisbeispiele, Wiesbaden (Gabler), 1998

Mei-Pochtler, A./Schächer, M./Loos, C.: Kundenmarketing – Kooperatives Kundenmarketing ist oft noch ein Fremdwort, in: LZ vom 26.02.1999, S. 42–43

Mena, J.: Data Mining Your Website, Butterwoth-Heinemann, Woburn, MA, 1999

Merkel, H.: Firmenübergreifendes Prozessdenken – Ein lohnender Ansatz, in: Efficient Consumer Response – Strategische Waffe für Industrie und Handel (Hrsg.: Tienes, E.-C./Kilimann, J./Schlenk, H.), Stuttgart 1998, S. 35–52

Merz, Michael: Electronic Commerce: Marktmodelle, Anwendungen und Technologien, Heidelberg (D-Punkt), 1999

Meyer, A./Dornach, F.: Das Deutsche Kundenbarometer – Qualität und Zufriedenheit, in: Kundenzufriedenheit (Hrsg.: Simon, H./Homburg, C.) Wiesbaden 1998, S. 179–200

Möbus, M./Zerres, M.: Der Kunde ist König, in: Kooperatives Marketing Controlling (Hrsg.: Zerres, M.), Frankfurt am Main 1998, S. 191–203

Molenar, C.: 1to1, the synergy between marketing and technology, in: MCO, Jahrbuch Dialogmarketing 2002, Düsseldorf, 2001

Müller-Hagedorn, L.: Der Handel, Stuttgart, 1998

Muther, Andreas: Electronic Customer Care – Die Anbieter-Kunden-Beziehung im Informationszeitalter, Berlin Heidelberg New York (Springer), 2000

North K.: Wissensorientierte Unternehmensführung. Wertschöpfung durch Wissen, Frankfurt, 1999

o.V.: Datenschlacht um Handelsspannen, in: Logistik Heute, Ausgabe Nr. 3, 1998, S. 16–19

o.V.: Mass Customization führt zu mehr Verbrauchermacht im Internet, in: Frankfurter Allgemeine Zeitung vom 02.03.2000, S. 28

Obermeier, Birgit: Mit Helfern ins Web, in: Busines2.0 (2001) 7

Peabody, M.: Rich Media: Is It Hype or Hope?, http://www. clickz.com/cgi-bin/ gt/sb/rm/rm.html?article=39, 03.01.2002.

Pepels, Werner: Grundzüge des Beschwerdemanagements, in Effektives Customer Relationship Management: Instrumente – Einführungskonzepte – Organisation (Hrsg.: Helmke, Stefan/Dangelmaier, Wilhelm), Wiesbaden (Gabler), 2001

Peppers, D./Rogers, M.: Enterprise one to one, New York, 1997

Peppers, Don/Rogers, Martha: The One to One Future, New York (Doubleday), 1997

Pflaum, D./Eisenmann, H./Linxweiler, R.: Verkaufsförderung, 1999

Piller, Frank T.: Kundenindividuelle Massenproduktion: die Wettbewerbsstrategie der Zukunft, München/Wien (Hanser), 1998

Ploss, Dirk: Deutschland – ein Kundenkartenentwicklungsland, in: Direkt Marketing 37 (2001) 11

Pohl, A./Dahlhoff, D.: Auch zufriedene Kunden werden untreu, in: FAZ vom 14.9.1998, S. 37

Pricewaterhouse Coopers/Roland Berger & Partner: Consumer Value Measurement – ECR Europe Study, Brüssel, 1999

Rapp, Reinhold, Customer Relationship Management: Das neue Konzept zur Revolutionierung der Kundenbeziehungen, Frankfurt/Main (Campus), 2000

Riesenbeck, H.: Von der Produkt- zur Kundenorientierung, in: Akzente (Hrsg.: McKinsey Deutschland), Ausgabe Nr. 13, 1999, S. 2–7

Röckelein, W.: Marktkommunikation im Internet, Wiesbaden, 1999

Rode, J.: Dramatischer Wandel – EITO: Online-Shops werden 2002 auf 78 Mrd. EURO Umsatz kommen, in: Lebensmittel-Zeitung, Ausgabe Nr. 14 vom 14.04.2000, S. 42

Rode, J.: Tesco ermöglicht Lieferanten Zugriff auf EPOS-Daten – »Revolution« per Internet, in LZ vom 27.03.1998, S. 48

Rudolph, Alfred/Rudolph, Miriam: Customer Relationship Marketing – individuelle Kundenbeziehungen, Berlin (Cornelsen), 2000

Schneider, Willy: Kundenzufriedenheit – Strategie, Messung, Management, Landsberg/Lech (Moderne Industrie), 2000

Schwarz, Thorsten: Permission-Marketing macht Kunden süchtig, Würzburg (Schimmel), 2000

Schweiger, Wolfgang: Grundzüge des Customer Relationship Managements, in: Planung & Analyse (1999)

Seifert, D.: Collaborative Planning, Forecasting and Replenishment – How to create a Supply Chain Advantage, Bonn 2002.

Seifert, D.: Efficient Consumer Response: Ein Instrument des Marketing Controllings zur Schaffung strategischer Wettbewerbsvorteile im Handel, in: Handbuch Marketing-Controlling (Hrsg.: Zerres, M. P.), Berlin/New York (Springer), 2000

Seifert, D.: Chance ECR: Strategische Unternehmensführung von Industrie- und Handelsunternehmen in Zeiten dramatischer Veränderungen im Absatzkanal, in: Zeitschrift für Markenführung, Nr. 1 (Januar/Februar 2000), S. 40–43

Seifert, D.: Einzelhandel: Wie er strategisch optieren muss, in: Harvard Business Manager, Ausgabe Nr. 4 (Mai 2000), S. 22–27

Seifert, D.: Wal-Mart hat die Metro weiter im Visier: Der Weltmarktführer im Einzelhandel ist in Deutschland auf Übernahmen angewiesen, in: Die Welt (August 2000), S. 16

Seifert, D.: On your Mark: Global Retailing, in: Chain Store Age, Nr. 10 (Oktober 2000), S. 72–74

Seifert, D.: Efficient Consumer Response: Supply Chain Management (SCM), Category Management (CM) und Collaborative Planning, Forecasting und Replenishment (CPFR) als neue Strategieansätze (2., erw. Aufl.), München (Hampp), 2001

Seifert, D.: Efficient Consumer Response – Wie der Handel strategische Wettbewerbsvorteile erzielen kann, in: Handelsforschung 2001/2002 – Jahrbuch der Forschungsstelle für den Handel Berlin (Hrsg.: Trommsdorff, V.), Köln 2001

Seifert, D. ECR-Studie Deutschland: Die Besten der Besten, in: Logistik Heute, Nr. 5 (Mai 2001), S. 58–59

Seifert, D.: Category Management Kompetenzführer im deutschen Handel, in: Absatzwirtschaft, Nr. 8 (August 2001), S. 55

Seifert, D./Ketels, C./Kracklauer, A.: Kooperatives Kundenbindungsmanagement – Potenziale einer neuen Zusammenarbeit von Handel und Industrie, in Consulting 2002 – Jahrbuch für Unternehmensberatung und Management (Hrsg.: Breidenstein, F. et.al.), Frankfurt am Main 2002, S. 125–131

*Seifert, D./*Kracklauer, A./Mills, D. Q.: Kooperatives Kundenmanagement, Wiesbaden (Gabler), 2002

Seifert, D./Kracklauer, A./Passenheim, O.: Mutual Customer Approach: How industry and trade are executing Collaborative Customer Relationship-Management, in: International Journal of Retail and Distribution Management, Volume 29, Nr. 12, 2001, S. 515–19

Seifert, D./Kracklauer, A.: Category Management – Stellen Sie die richtigen Fragen, in: Absatzwirtschaft, 6 (Juni 2001), S. 52–55

Seifert, D./Kracklauer, A.: Online-Marketing nach der Krise, in: Direkt Marketing, Nr. 8 (August 2001), S. 32–39

Seifert, D./Thiel, E.: Optimierung innerhalb der Supply Chain, in: Distribution, Nr. 7/8 (Juli/August 2001), S. 26–27

Simon, H./Homburg, C.: Kundenzufriedenheit als strategischer Erfolgsfaktor, in: Kundenzufriedenheit (Hrsg.: Simon, H./Homburg, C.), 3. Aufl., Wiesbaden 1998, S. 17–31

Spaan, U.: Tesco TIE – ECR in Perfektion, in: Dynamik im Handel, Ausgabe Nr. 8, 1999, S. 26–27

Spalink, H.: Erfolgsfaktoren bei der Einführung von ECR, in: KSA News – Efficient Consumer Response (Hrsg.: KSA), Düsseldorf 1996, S. 14–15

Srivastava, J./Cooley, R./Deshpande, M./Tan, P.N. (): Web Usage Mining – Discovery and Applications of Usage Patterns from Web Data, in: SIGKDD Explorations, ACM SIGKDD, Vol. 1, Issue2, 2000, S. 1–12

Stauss, Bernd/Seidel, Wolfgang: Beschwerdemanagement: Fehler vermeiden – Leistung verbessern – Kunden binden, München (Hanser), 1998

Stephan, Peter Friedrich: Events und E-Commerce, Berlin (Springer), 2000

Studie des Instituts für Marketing-Management und -Forschung der European Business School (IMMF), European Business School und Cap Gemini Ernst & Young (CGE&Y), Strategic Consulting, Bad Homburg: Rolle des Internets in der Markenartikel-Industrie, 2001. Befragt wurden mehr als 70 marktführende Konsumgüterhersteller in Deutschland.

Theis, H.-J.: Handelsmarketing – Analyse- und Planungskonzepte für den Einzelhandel, Frankfurt am Main, 1999

Thun, A./Schnieders, T.: BOL – Bertelsmann Online, in: E-Commerce. Einstieg, Strategie und Umsetzung im Unternehmen (Hrsg.: Albers, S./Clement, M./ Peters, K./Skiera, B):, 2. Aufl., Frankfurt am Main, 2000

Tomczak, T./Dittrich, S.: Kundenbindung – bestehende Kundenpotenziale langfristig nutzen, in: Kundenorientierte Unternehmensführung (Hrsg.: Hinterhuber, H.H./Matzler, K.), Wiesbaden 1999, S. 61–83

Töpfer, A.: Die Analyseverfahren zur Messung der Kundenzufriedenheit und Kundenbindung, in: Kundenzufriedenheit messen und steigern (Hrsg.: Töpfer, A.), Neuwied 1999 (a), S. 299–370

Trommsdorff, V./Spannnagel, R.: Kundenorientierung im Handel, in: Meilensteine im deutschen Handel (Hrsg. Dichtl, E./Lingenfelder, M.), Frankfurt am Main, 1999

Trommsdorff, V.: Konsumentenverhalten, 3. Aufl., Stuttgart/Berlin/Köln, 1998

Trommsdorff, V.: Kundenorientierung verhaltenswissenschaftlich gesehen, in: Marktorientierte Unternehmensführung, Festschrift für Heribert Meffert zum 60. Geburtstag (Hrsg.: Bruhn, M./Steffenhagen, H.), Wiesbaden 1997, S. 277–293

Twardawa, W.: »Share of Customer«, der langfristige Erfolgsfaktor, in: Markenartikel – Zeitschrift für Markenführung, Ausgabe Nr. 3, 1998, S. 30–36

Untiedt, Johannes: Die Rolle des Call-Centers in CRM-Strategien, in: Call-Center Profi (2000) 1

Venohr, B./Zinke, C.: Kundenbindung als strategisches Unternehmensziel – Vom Konzept zur Umsetzung, in: Handbuch Kundenbindungsmanagement (Hrsg.: Bruhn, M./Homburg, C.), 2. Aufl., Wiesbaden 1999, S. 151–168

Verlag Heinz Heise, http://www.heise.de/newsticker/data/jk-22.10.00-003

Von der Lühe, Markus: Vom Database Marketing zum Data Mining: Neue Methoden zur Zielgruppensegmentierung, in: HMD Theorie und Praxis der Wirtschaftsinformatik (1997) 193

Wal-Mart: Wal-Mart's Retail link – A Communication Link, A Money Saving Link, in: http://www.wal-mart.com/vendor/retail_link/ communication.shtml (Internet) am 20.05.1999

webstand.html, 26.09.1996; Abruf: 03.1.2002

Wehrhan, Walter: Die Bedeutung des Internets für die Eventbranche, in: Events und E-Commerce (Hrsg.: Stephan, Peter Friedrich), Berlin (Springer), 2000

Wehrli, H.P./Krick, M.: Mit strategischen Netzwerken Kundennähe realisieren, in: Absatzwirtschaft, Ausgabe Nr. 1, 1998, S. 62–68

Wehrmeister, Dierk: Customer Relationship Management: Kunden gewinnen und an das Unternehmen binden, Köln (Dt. Wirtschaftsdienst), 2001

Weishaupt, Wendelin: Goldgrube Community?, in: Absatzwirtschaft Supplement: Marken (2001) Juni

Werben und Verkaufen, http://www.wuv.de/servlet/wuv/news/archiv_ newsdisplay.html?src=abo&nachricht_id=69399, 2001

Wesp, R.: Rechenexempel Logistik, in: Der Handel, Dezember 1998, S. 26–32

Wiencke, Wolfgang: Cards und Clubs als Dialogmarketing-Instrument, in: Handbuch Direktmarketing (Hrsg.: Dallmer, Heinz), Wiesbaden (Gabler), 1997

Wilde, Klaus D.: Auszüge aus der Studie: eCRM 2001: Innovative Kundenbindung im Internet, Katholische Universität Eichstätt/Absatzwirtschaft, 2001

Wildemann, H.: Europa hinkt im E-Commerce hinterher, in: Die Welt vom 24.03.2000, S. 4

Wilson, R. F.: 27 Ways to Promote Your Website, http:www.electronic-commerce.org/marketing/wilson/wilson_ budget.html, 03.01.2002

*Wilson, R.*F.: Viral Marketing: Wie ansteckend ist Ihre Online-Werbung?, http://www.ecin.de/marketing/wilson/wilson-viral.html, 03.01.2002

Zimmerman, J.: Marketing on the Internet, 4th edition, Gulf Breeze 2000

Zschau, O./Zahradka, Rik/Traub, D.: Web Content Management, Bonn, 2001

Die Autoren

Tom Gawlik ist im Direktmarketing von Gruner + Jahr AG & Co., Hamburg, tätig. Weitere berufliche Stationen waren Jung von Matt Werbeagentur GmbH, Hamburg, sowie eine international tätige Unternehmensberatung. Den Schwerpunkt seines Wirkens bilden internetgestützte Marketingaktivitäten und CRM-Projekte.

Kontakt: tom@gawlik.de

Joachim Kellner ist seit März 1996 Professor für Marketing an der Hochschule für angewandte Wissenschaften Hamburg. Nach dem Studium der Volkswirtschaftslehre an der Freien Universität Berlin bekleidete er bei der Henkel KGaA Deutschland und USA verschiedene Marketingfunktionen. Im Anschluss war er als Geschäftsführer der Werbeagentur Lintas Hamburg und der Werbeagentur Lürzer, Conrad & Leo Burnett, Frankfurt, tätig. Seine Forschungsschwerpunkte sind vor allem Customer Relationship Management und Brand Identity.

Kontakt: kellner@wiwi.fh-hamburg.de

Dirk Seifert ist Visiting Scholar an der Harvard Business School in den USA. Dort leitet er ein Forschungsprojekt zu Collaborative Customer Relationship Management. Zuvor war er Direktor bei der Bertelsmann AG. Weitere berufliche Stationen waren das Category Management von Procter & Gamble und das Internationale Marketing der Bayer AG. Er ist Autor von verschiedenen Büchern und Artikeln zu den Themen: Kundenmanagement, Marketing und Strategische Unternehmensführung.

Kontakt: dseifert@hbs.edu

Index

B. Stengl, R. Sommer, R. Ematinger

CRM mit Methode

Intelligente Kundenbindung in Projekt und Praxis mit iCRM

Dieses Buch beschreibt Customer Relationship Management nicht als Tool, sondern als Methode. Technologien und Systeme sind wichtig. Noch wichtiger für den Erfolg von CRM-Projekten ist allerdings die kundenorientierte Anpassung und Unterstützung von Geschäftsprozessen in allen Teilen des Unternehmens. Die Autoren zeigen Managern, Projektmitgliedern und Beratern, wie sie die häufigsten Fehler bei der Implementierung vermeiden und ihr Projekt intelligent und konsequent zum Erfolg führen. Konkrete Praxisbeispiele gelungener Anwendungen in Service, Sales und Marketing veranschaulichen die Konzepte.

*Galileo Business
312 S., 2001, geb.
39,90 €
ISBN 3-89842-117-1*

Galileo Business

Tobias Arndt

Erfolgreich auf B2B-Marktplätzen

Effizienz und Produktivität in E-Procurement und Sales

Flexible B2B-Netzwerke treten an die Stelle der traditionellen linearen Wertschöpfungsketten. Im Schnittpunkt von Angebot und Nachfrage ermitteln elektronische Marktplätze im Collaborative Business die jeweils günstigste Konstellation von Ein- und Verkäufer.

Dieses Buch zeigt Managern und Beratern anhand von etlichen Beispielen aus den verschiedensten Branchen, wie und wo Beschaffungs- und Vertriebsprozesse optimiert und automatisiert werden können, wie und wo Kosten reduziert und neue Märkte erschlossen werden können, wie und wo Marktplätze funktionieren – oder nicht funktionieren.

Galileo Business
216 S., 2001, geb.
ca. 69,90 €
ISBN 3-89842-161-9

Sachar Paulus, Florian Zwerger

E-Business-Projekte

Warum sie scheitern und wie man sie zum Erfolg führt

Galileo Business
ca. 360 S., 2001, geb.
ca. 39,90 €
ISBN 3-89842-195-3

Die meisten E-Business-Projekte erreichen die selbst gesteckten Ziele nicht. Sie scheitern entweder teilweise oder vollständig – und immer wieder liegt es an den gleichen Problemen. Doch Beispiele zeigen: Erfolg im E-Business ist möglich. Das eine Unternehmen macht es richtig, das andere nicht.

Das Buch beleuchtet die kritischen Faktoren bei der Realisierung von E-Business-Projekten nach dem Ende des Hype. Dabei werden alle relevanten Aspekte (Marketing, Finanzen, Recht, Sicherheit etc.) berücksichtigt. Der Leser erfährt, wie er die Risiken seines Projekts zunächst erkennt und dann minimiert. Das Resultat ist eine umfassende Erfolgsstrategie für die nächste Generation der E-Projekte.

Galileo Business

Marius Dannenberg, Sascha Barthel

Effiziente
Marktforschung

Ohne fundierte Marktanalyse kein
erfolgreiches Marketing. Marktana-
lysen sind essenziell – bei der Produkt-
konzeption und -einführung, bei der
Planung neuer Business Cases oder als
Bestandteil von Business-Plänen.
Marius Dannenberg und Sascha Barthel erläutern, welche neuen Möglichkeiten die Marktforschung durch das
Internet gewinnt, wie insbesondere
die primäre Marktforschung plötzlich
kostengünstig und praktikabel wird.
So kann beispielsweise jeder Betreiber
einer Website Kundenbefragungen
leicht konzipieren, durchführen und
auswerten. Das Buch zeigt mit vielen
Fallbeispielen aus Unternehmen den
effizienten Einsatz der modernen
Marktforschungsinstrumente im
gesamten Marketingmix.

Galileo Business
336 S., 2001, geb.
34,90 €
ISBN 3-89842-197-X

Galileo Business

Dies ist nicht die letzte Seite ...

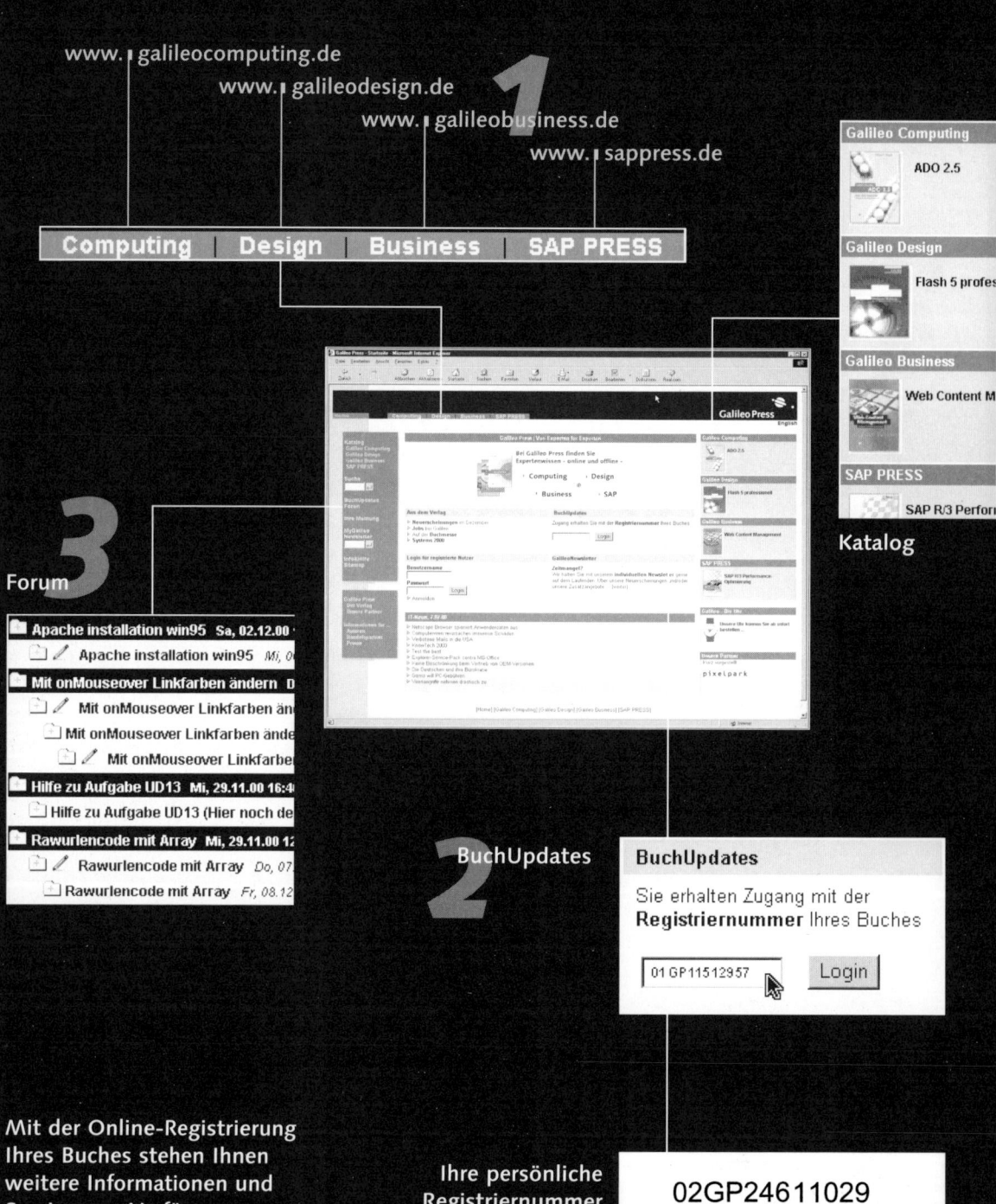

www. ∎ galileocomputing.de

www. ∎ galileodesign.de

www. ∎ galileobusiness.de

www. ∎ sappress.de

Computing | Design | Business | SAP PRESS

Galileo Computing

ADO 2.5

Galileo Design

Flash 5 profes

Galileo Business

Web Content M

SAP PRESS

SAP R/3 Perfor

Katalog

3 Forum

📁 Apache installation win95 Sa, 02.12.00
   📄 ✏ Apache installation win95 Mi, 0
📁 Mit onMouseover Linkfarben ändern D
   📄 ✏ Mit onMouseover Linkfarben än
   📁 Mit onMouseover Linkfarben ände
      📄 ✏ Mit onMouseover Linkfarbe
📁 Hilfe zu Aufgabe UD13 Mi, 29.11.00 16:4
   📄 Hilfe zu Aufgabe UD13 (Hier noch de
📁 Rawurlencode mit Array Mi, 29.11.00 12
   📄 ✏ Rawurlencode mit Array Do, 07.
   📄 Rawurlencode mit Array Fr, 08.12

2 BuchUpdates

BuchUpdates

Sie erhalten Zugang mit der
Registriernummer Ihres Buches

01 GP 11512957   Login

Mit der Online-Registrierung
Ihres Buches stehen Ihnen
weitere Informationen und
Services zur Verfügung.

Ihre persönliche
Registriernummer

02GP24611029